DVDで
よくわかる

家庭でできる
ラクラク介助法

介護操体のすすめ

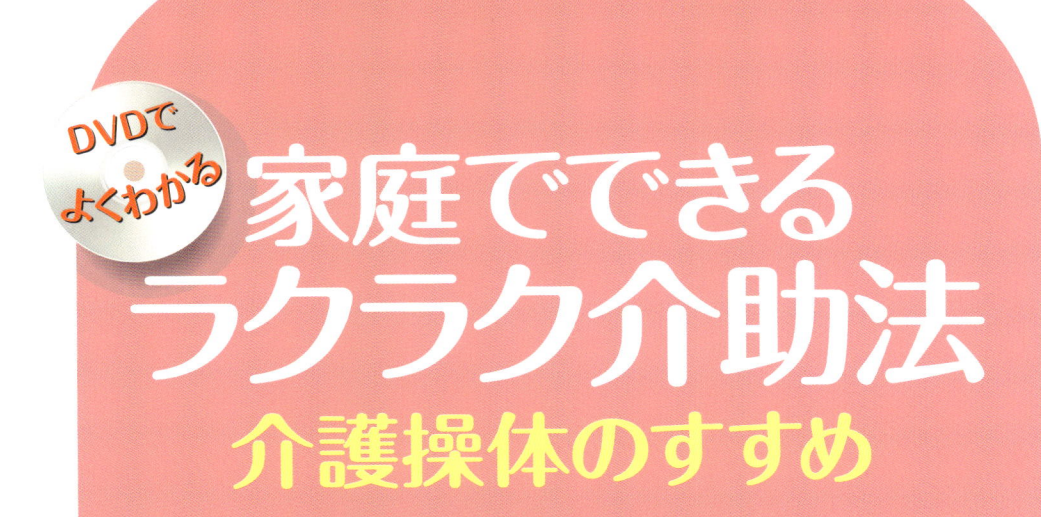

監修・実技指導　坂本洋子

農文協

DVDの内容案内

●まずは、付属のDVDをご覧ください。

DVDには、音声付きの動画が収録されています。どんな介助法なのか、講習を受ける気持ちで動画を見て、最初は元気な人を相手に基本の動きを練習し、体で感じて覚えることをおすすめします。

本の内容は、DVDと連関して、介助のコツを再確認するのに役立つものになっています。

DVDの内容構成　全70分

はじめに　このDVDのご紹介　3分

全3編のダイジェスト紹介です。

パート1　入門実践編　28分

坂本洋子先生の「介護操体講座」の実技指導と、参加者の実践練習を収録し、誰も教えてくれなかった『ラクに、簡単に、気持ちよくできる』介助法を、参加者の感想も含めて紹介したものです。

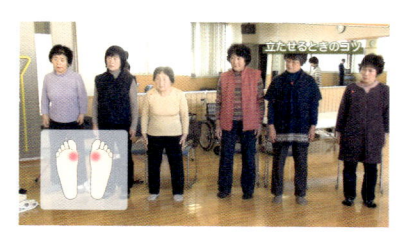

- 入門①　立たせる介助
- 入門②　座りなおしの介助
- 入門③　車イスへの移乗介助
- 入門④　ベッドでの横向き介助
- 入門⑤　ベッドから起こす介助
- 入門⑥　畳の上の介助

本文中の参照マーク
🔘 入門①〜⑥

このDVDに関する問い合わせ窓口　　農文協DVD係：03-3585-1146

DVDでよくわかる
●入門実践編
●基本技術編
●歩行介助事例編

家庭でできる
ラクラク介助法
介護操体のすすめ

監修・実技指導　坂本洋子

農文協

パート2　基本技術編　32分

ラクラク介助の基本技術とコツを、坂本先生がスタジオでじっくり実技・解説します。介助する人・される人の状況に応じた工夫も紹介します。

- 基本①　立たせる介助
- 基本②　座りなおしの介助
- 基本③　車イスの移乗介助
- 基本④　横向きの介助
- 基本⑤　オムツ替えの介助
- 基本⑥　横移動の介助
- 基本⑦　起こす介助
- 基本⑧　ベッドから床に立たせる介助
- 基本⑨　寝かせる介助
- 基本⑩　解説 ラクラク介助の原理
  体の筋肉の連動のはなし

本文中の参照マーク
🔘 基本①〜⑩

パート3　歩行介助事例編　7分

足の弱った90歳の老婦人を歩行介助している事例を取材。室内や、ちょっとした外歩きを、ラクに安全に介助する技を紹介します。坂本先生がコツをアドバイス、足の指の拘縮と歩行との関係も解説します。

DVDの再生
付属のDVDをプレーヤーにセットするとメニュー画面が表示されます。

● 最初のメニュー画面
各編のうち見たいものを選択します。
全編を続けて見たいときは「全編見る」を選択。

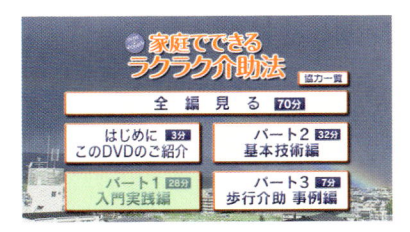

選択するとボタンの色が変わります（例 パート1を選択した場合）。

● 次のメニュー画面
パート1とパート2にはもう一枚メニュー画面があります。「全部見る」を押すとその編の最初から最後まで再生します。

収録内容（入門①、基本①など）を選択した場合は、その項目だけ部分再生します。

DVDの内容案内

家庭でできる　ラクラク介助法　介護操体のすすめ

目次【CONTENTS】

💿入門xxは、DVDパート1入門実践編、💿基本xxは、DVDパート2基本技術編の番号です

DVDの内容案内 …………………………………………2
はじめに　坂本洋子(監修・実技指導) ……………………6
この介助法の特長は？ ……………………………………8
やってみた人の感想は？ …………………………………10

第1章　ラクラク介助の原理

01 体の自然な連動のしくみ（1）……………………12
【イスから立つとき・どうしたら立ちやすいか】💿入門①
【自然に立つときの体の連動】💿基本①

02 体の自然な連動のしくみ（2）……………………14
【横に向くとき・無意識にどう動いているか】💿基本④
【起きるとき・自然にどう動いているか】💿基本⑦

03 体の動きと筋肉のしくみ……………………………16　💿基本⑩
【実験：しゃがみ込むとき、どちらがラクか】
【ダンゴ虫の動きとバンザイの動き】

第2章　ラクラク介助のコツ

01 力を体の中心に集める（1）………………………18
【介助の位置・姿勢・動き】
【丹田を意識する・腰の高さで作業する】

02 力を体の中心に集める（2）………………………20　💿入門①
【ワキを閉める　ヒジをしぼる】
【足は親指・手は小指に力を入れる】

第3章　ラクラク介助の実際

01 立たせる介助……………………………………………22　💿入門①基本①
【一般のやり方・おすすめのやり方】
【おすすめ　「ヒザ付けダンゴ虫法」】

02 立たせる介助の注意点………………………………24　💿入門①基本①
【相手の手の位置で、ムダな力が必要】
【相手を引き上げると、重く不安定に】

03 立たせる介助の練習法………………………………26
【相手を引いて立たせる感覚をつかむ】
【腰が浮き、軽くなるタイミングをつかむ】💿入門①

04 立たせる介助のくふう………………………………28　💿基本①
【背の高い人が低い人を介助するとき】
【くふう・その1＝X字型　その2＝O字型】

05 座りなおしの介助……………………………………30　💿入門②基本②
【イスに深く座らせたいとき】
【座りなおしの注意点　安全・危ないやり方】

06 車イスの移乗介助（1）……………32　🔘基本③（入門③も参照）
　　　【ベッドから車イスへ】
　　　【両足の重心移動で、安全に移乗】

07 車イスの移乗介助（2）……………………34　🔘基本③
　　　【車イスからベッドへ　座りなおしで立ちやすく】
　　　【重心移動でベッドへ移す】

08 横向きの介助（1）…………………36　🔘基本④（入門④も参照）
　　　【お互いがつらい一般のやり方】
　　　【おすすめの横向け法（手前へ・むこうへ）】

09 横向き介助の注意点………………38　🔘基本④（入門④も参照）
　　　【ラクに介助できる指先の向き】
　　　【手前に向けるとき・むこうへ向けるとき】

10 横向きの介助（2）……………………40　🔘基本④
　　　【ヒザが曲がりにくい人への介助法】
　　　【手前に向けるとき・むこうへ向けるとき】

11 オムツ替えの介助………………………42
　　　【使って便利な「ヒジ当てお尻浮かせ法」】🔘基本⑤
　　　【オムツ交換に・ベッドでの横移動に便利】🔘基本⑥

12 起こす介助（1）……………………44　🔘入門⑤基本⑦
　　　【お互いにつらい一般的な起こし方】
　　　【おすすめの起こし方＝自然な動きを介助】

13 起こす介助の注意点………………46　🔘入門⑤
　　　【嫌な方に起きていませんか】
　　　【腰痛のある人の起こし方・起き方】

14 起こす介助（2）……………………48
　　　【重い体の人を起こすとき】🔘基本⑦
　　　【ベッドから床に立たせるとき】🔘基本⑧

15 起こす介助（3）……………………50
　　　【介助者のヒザ・腰が痛いとき】🔘基本⑦
　　　【寝かせるときも自然な動きで】🔘基本⑨

16 起こす介助（4）……………………52　🔘入門⑥
　　　【畳（布団）の上での起こし方】
　　　【お互いがラクな起こし方】

カコミ

歩行介助の事例紹介………………………54　🔘歩行介助事例編
　　　【家の中をラクに歩かせる介助法】
　　　【ラクに立たせて、疲れずに歩かせるには】
ラクラク介助を続けるために………………………56
　　　【一生モノの健康法「操体法」のすすめ】
　　　【寝た姿勢・起きた姿勢で6つの操法】

第4章　詳しく知りたい方へ

◆ 根本は、ボディメカニクス　　（坂本洋子）………………58
◆ なぜ「介護操体」か　　（坂本洋子）………………60

はじめに

坂本洋子（監修・実技指導）

　平成の初めの頃、在宅介護を担う人の約80％は女性で、しかも中年の女性が一人で介護を担っていることが多く、誰にも介護を代わってもらえない・手伝ってもらえる人がいないケースが、約60％ありました。

　その頃、在宅介護をしている人たちが一番困っていたのは、『小柄なお年寄り相手でも、いざ体を動かそうとすると非常に重い』ということでした。特に入浴やトイレの介助、階段の上り下り、普段は手摺りにつかまって何とか歩いているが運悪く床に座り込んでしまった時などなど。当時はまだ介護保険制度もなく、みんなに共通するのは「ラクにできる介助方法はないか」という、切実な声でした。

　幸運にも理学療法士・川田光博先生との出会いがあり、定期的に勉強会を開いて指導をお願いしました。

＊介助する人は不思議なくらい力が要らないこと。
＊介助される人がとてもラクに動けること。
＊介助されているのに、まるで自分で起き上がり立ち上がったような気分になること。

　など、川田先生の介助技術は、まさに『眼からウロコ』でした。実際に家族の介護で試してみて、さらに練習と工夫を重ねながら、一つ一つ技術を身につけ、家族の介護に活かしてきました。

●この介助技術は…

1. 普段の私たちが何気なく行なっている動作を観察・分析して、人体の動きの仕組みを追究し、ボディメカニクスの観点から理にかなった効率的な動きで、力のない人でもできるように、介護に応用したものです。
2. 全介助を基本にしていますが、全身の自然な連動の仕組みを活かして介助するので、全介助であっても筋肉の拘縮（こうしゅく）が起こりにくく、リハビリ効果があります。
3. 人体の動きの仕組みを理解してしまえば、相手の体調に合わせて全介助と部分介助の切り替えがしやすく、一連の動作の途中で本当に必要な部分のみ介助が出来ます。
4. 特別な設備や介護用具を必要としないので、狭い日本家屋での介護に役立ちます。
5. 自分が相手を動かすという感覚ではなく、相手を支えて自分がどう動くかという、

介助者自身の体の使い方にコツがあります。体の中心軸と重心、人体の生理学的な連動と重心の移動など、ボディメカニクスに基づいた介助者の動き方は体の歪みを作らず、健康法として応用できます。

●寝たきりの予防効果も

『寝たきりは寝かせきりから作られる』といいます。誰もが寝たきりにはなりたくないと思っていますが、高齢者は何かの理由で数日間寝込むと、それがきっかけで本物の寝たきりになることが多いものです。

例えばお年寄りが夏バテとか風邪で数日間寝込んでしまったとか、何かの病気や手術などで、一時的に体力が衰えて充分な力が出ないとき、この介助方法で介助すると、介助される動きそのものがリハビリになります。自分で動いたように感じるので、「また元気になれる」「元気になった」と思わせる効果もあり、回復が早いのです。身近にいる家族がこの介助方法を覚えることは、寝たきりを予防する効果が大きいと言えます。

●3つのお願い

＊最初は必ず元気な人を相手に練習して下さい。

基本の動きと力の加減を体で感じて覚えて下さい。いろいろな障害に応じた介助方法はあくまでも基本の動きの上に成り立ちます。

＊この介助方法では、決して反動をつけないで下さい。

世間一般では、介護は力の要る仕事と思われています。そういう人は介助するときに反動をつけて動くクセがあります。この介助技術は驚くほど力が要らないために、反動をつけると勢いが余って怪我をする危険があります。

＊《重い・やりにくい・動きにくい・不安定・痛い》などの感じがあれば、無理に介助を続けないですぐに元に戻して下さい。

介助する人が《重い・動きにくい》などと感じる時は、介助されている人も同時に、《痛い・苦しい・動きにくい》と感じています。それは『動く方向が間違っている』とか、『今はその方法で介助してはいけない』ということを、体が私たちに教えている注意信号だと受けとめて下さい。

ここでご紹介する介助方法は、今まで世間一般で行なわれている介助方法とはちょっとやり方が変わっていて、『変なやり方』『間違ったやり方』と言う人もいます。でも、介護で苦労をした経験のある人は、
「こんな方法、誰も教えてくれなかった」「もっと早く教えて欲しかった」
と、異口同音に言います。

超高齢化社会では、介護を避けて通ることはできません。
覚えておくと必ずあなた自身を助ける時が来ることでしょう。

この介助法の特長は？

この介助法の良さは、どこにある？

家庭で使える介助の技術

- 中高年の介助者が一人でやれる
- 特別な設備や介護用具がいらない
- 狭い日本家屋での介護に役立つ

介助する人は…

- 不思議なくらい力が要らない
  非力な人でもできる
  重い体の相手でも介助できる
- 腰やヒザの痛い人でもできる
  介助で体を痛めない
- 介助の動きが自分の健康法にもなる

この介助法の特長は？

介助される人は…

- とてもラクに動ける
  まるで自分で動いたような気分になる
- 元気回復のリハビリになる
- 寝たきり予防の効果がある

お互いが元気になれる介助法です

老老介護時代を迎えて
お互いが元気なうちに覚えておくことを
おすすめします。

やってみた人の感想は？

介護操体講座　参加した人の感想

「パート1入門実践編」より

「〈介護する相手の〉足が硬直して歩けないので、ベッドから起こすのも大変だったし、車イスに移すのも大変だったけど、**今日教わったやり方で、ラクにできると思います。**練習します。」

「介護している両親をみていたので、いずれは自分もやらなければいけないなと思いながら、両親の体格を見ると、どうにもこうにも動かせないなと思っていましたが、今日のやり方を取り入れながら、**自分の体も壊さないで、両親も介護する形ができるなと思いました**ので、大変勉強になりました。」

「**介護しながら体がゆるんでくる**というのが、ああすごいなと。痛かった方向の痛みがやわらぐというか、それで介護してもらったら気持ちいいだろうなと。」

やってみた人の感想は？

「義母と2人で参加させていただいたんですけど、今日はお互いのバランスのとり方というか、チームワークが必要なんだなと思ったので、これからもし**お世話することになっても、される側になったとしても、お互い気持ち良く暮らせるかな**と、ありがたく思いました。」

「本当にね、ラクに、**簡単に、気持ちよく、やっていただける、あげる**ということができるんだということがね、本当にしみじみわかりまして、ありがとう…。」

「私、**起きるとき、ラクな方と反対な方向に起きていた**ってことにビックリして、明日の朝からはそれを直して、ラクに起きられるようにやりたいと思います。」

「私、3回シリーズで他の介護教室、受けたことあるんです。で、**いくらか心得ているつもりでしたけど、今日は、まるで違います。**自分も本当にラクにできることを知ってね、自分が先か、夫が先かわからないけど、お互いにね、これからの老後を安心して暮らせる第一歩が今日でなかったかなと思います（笑）。」

01 体の自然な連動のしくみ

イスから立つとき どうしたら立ちやすいでしょうか

（実験１）カカトを前に出したままで立ってみると…

立てない人がいます。
腰痛のある人は立ちにくいですね。

（実験２）カカトを引いてから立ってみると…

前かがみになって…
みんながラクに立てます。

立つときに、カカトを後ろに引くのは、私たちが毎日無意識にやっている動きです。
この動きを忘れて、立たせる介助をしていませんか。

入門①

（1） イスから立つとき

私たちが自然（無意識）に立つときの体の連動

私たちは立つときに、体をどう動かしていますか。
どんな介助も、体の自然な動きを知っておくこと、忘れないことがたいせつです。

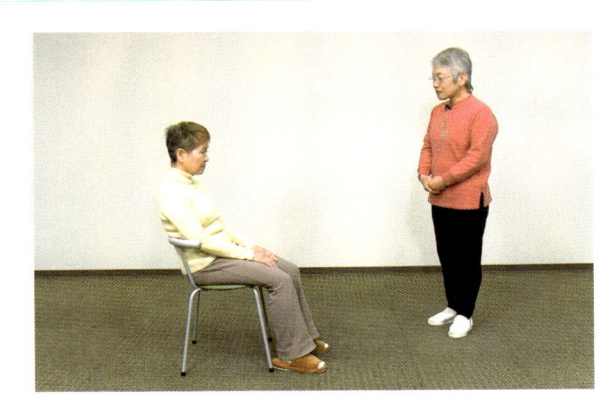

カカトを引いて
頭を下げて前かがみに。
（ヒザに手をついて）

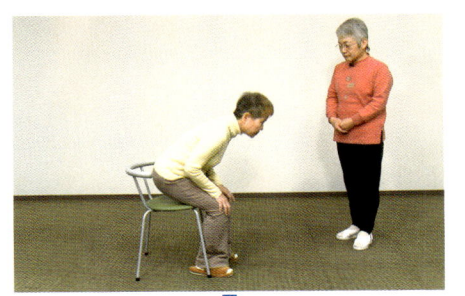

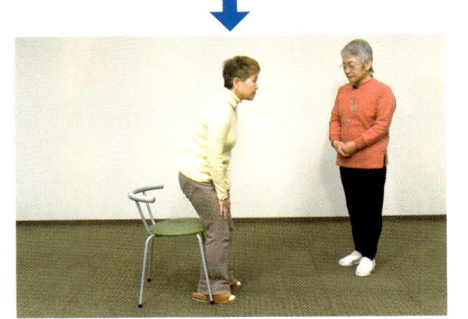

体の重心が
両足の上に乗ったら
立ち上がります。

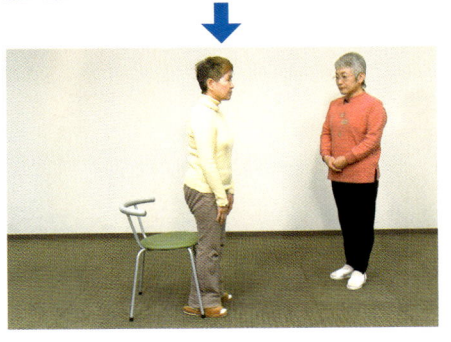

この自然な動きに沿って
介助すれば、
お互いがラクに
立たせられます。

「立たせる介助」は 23 頁参照

基本①

01 体の自然な連動のしくみ（1）イスから立つとき

13

02 体の自然な連動のしくみ

横に向くとき、無意識にどう動いているでしょうか

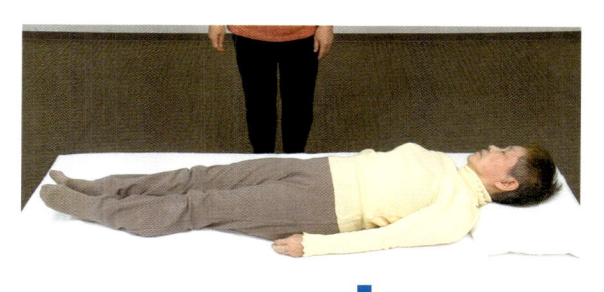

右に寝返りをするとき、体はどう動いているのでしょうか。
私たちは自然に、自分がラクな方法で横向きになっています。

向こうとする反対側（左）のヒザを立てて、その足を支点に横に向きます。

ヒザが先行して横向きになります。
この動きに沿って介助すると、お互いがラクにできます。

左に向くときは、反対側（右）のヒザを立てて、ヒザ・腰・肩と連動して横向きになっています。

👉「横向きの介助」は37頁参照

基本④

（2）横に向くとき・起きるとき

起きるとき、自然にどう動いているのでしょうか

起きるときも、私たちは自然に、無意識に、体を連動させて、起きています。

起きる向きの反対側のヒザを立て、内側に倒します。
ヒザ・腰・肩・頭と連動させて横向きになります。

体をひねり、ヒジに体重を乗せながら 起きていきます。

最後は手をついて起き上がります。
この自然な動きを生かすと、お互いに気持ちよく介助ができます。

☞「起こす介助」は 45 頁参照

基本⑦

03 体の動きと筋肉のしくみ

実験：しゃがみ込むとき、どちらがラクか？

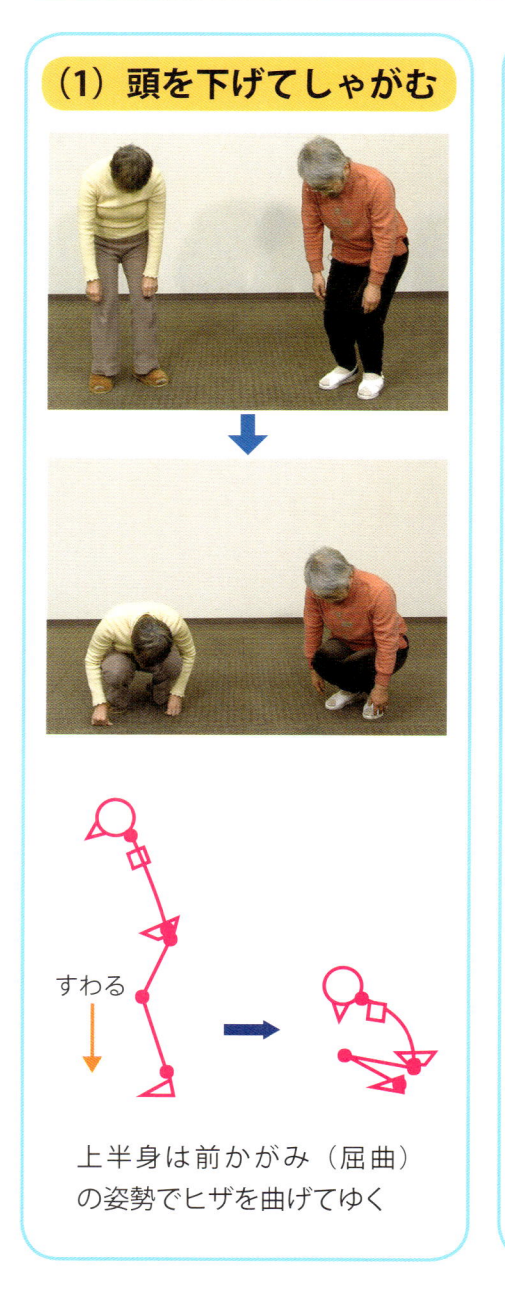

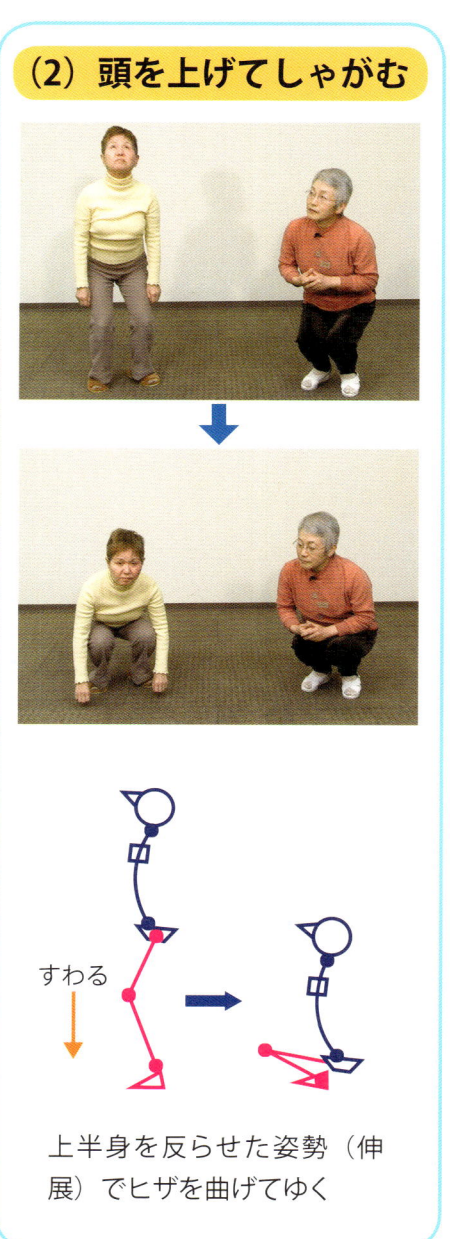

（1）頭を下げてしゃがむ

上半身は前かがみ（屈曲）の姿勢でヒザを曲げてゆく

（2）頭を上げてしゃがむ

上半身を反らせた姿勢（伸展）でヒザを曲げてゆく

どちらもヒザを曲げてしゃがみ込む動きですが、ほとんどの人は、（1）の動きをラクに感じます。なぜでしょうか？（答えは右頁）

第1章　ラクラク介助の原理

なぜ動きやすさに違いがあるのか？

(1) では、上半身も下半身も屈筋が緊張して、全身の筋肉が屈筋の作用で動きます。

(2) では、上半身が伸筋の緊張のまま、下半身が屈筋の作用で動くことになり、体の中では伸筋の緊張と屈筋の緊張が同時にはたらくことになります。伸筋と屈筋の作用は拮抗しますから、お互いに作用の妨げになり、動きにくく感じます。

体全体を小さく縮めた
「ダンゴ虫」の動き

体全体を大きく伸ばした
「バンザイ」の動き

屈筋が緊張
（関節を曲げる筋肉）

⇔

伸筋が緊張
（関節を伸ばす筋肉）

反対の動き
（拮抗作用）

左頁の（2）は動きにくい

全身の屈筋同士、または伸筋同士が作用する動きは、一番自然で無理のない動きです。この基本的な連動のしくみを、介助の動きに生かすと気持ちよくラクにできます。

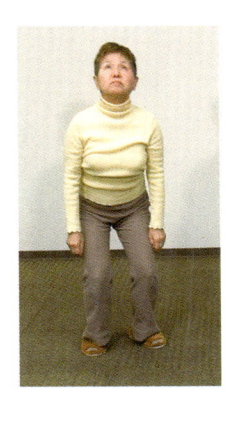

［伸筋］ ⇕ ［屈筋］

基本⑩

03 体の動きと筋肉のしくみ

01 力を体の中心に集める

第2章 ラクラク介助のコツ

相手と体の中心を合わせる

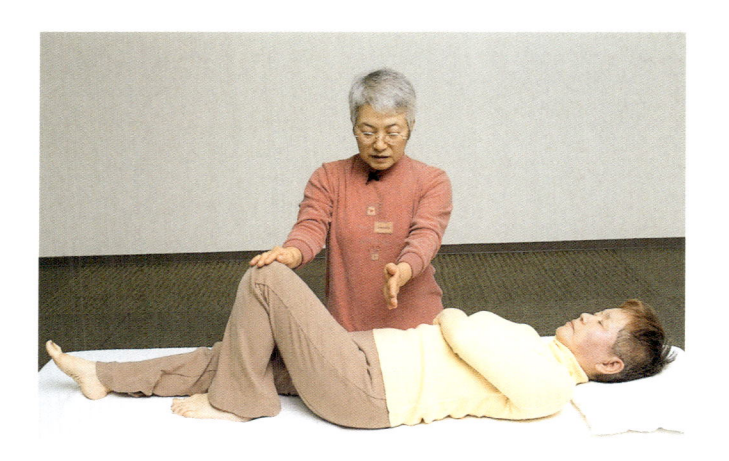

相手とおへその位置を合わせます

お互いがラクに動けるようにする基本の位置

☞ 横向け介助 36 頁・
起こす介助は 44 頁参照

介助者は「丹田」を意識する　…「臍下丹田」ともいう

丹田

おへそ

丹田

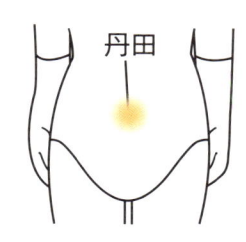

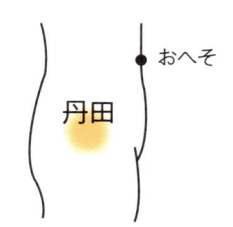

丹田とは…

おへそのすぐ下（恥骨の上）あたりにあります。
丹田に力が入ると、心身が安定し、姿勢も崩れにくい。相手にも安心感をあたえます。

ラクラク介助法の基本となる「ヒザ付けダンゴ虫法」は、丹田に力を集める姿勢と動きを意識したものです。

（1）介助の位置・姿勢・動き

腰の高さで作業（介助）する

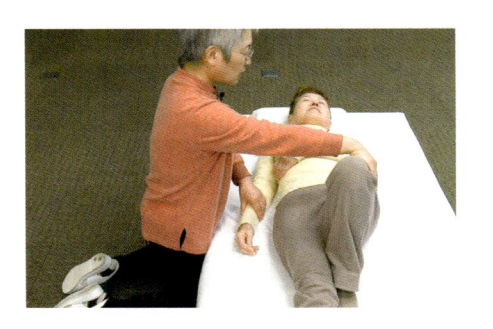

中腰の姿勢で腰を曲げる姿勢はなるべく避けます。
低いベッドなら「ヒザ立ち」で行ないます。
（相手と自分のおへその高さを同じに）

☞ ヒザ立ちができないときの介助法は50頁参照

自分の体の中心に向けて相手を引き寄せる

自分の体の中心に相手を引き寄せます。横向きの介助は、自分のワキを閉めて自分のほうに引き寄せるようにします。
起こす介助も、頭を支えて、自分の体に引き寄せるようにします。
どちらも相手は、自然に自分で動いたように感じます。

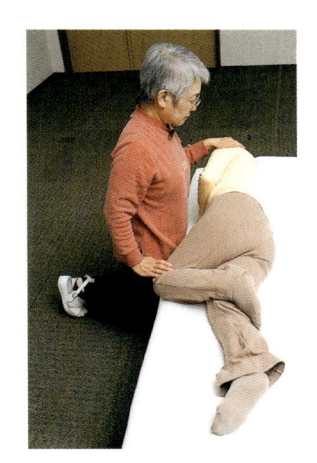

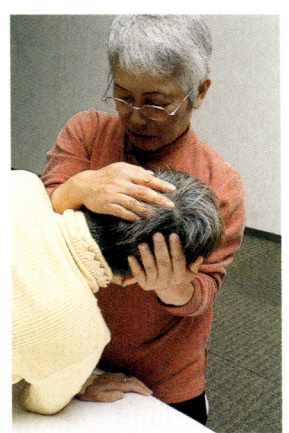

手には力を込めない（当てるだけ）

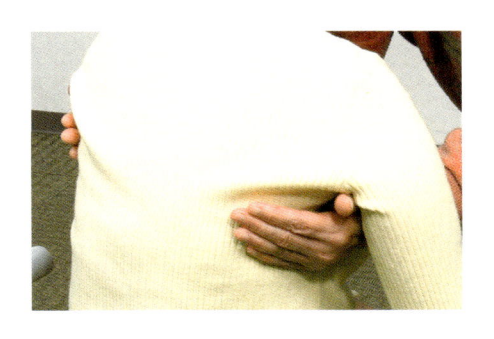

力を込めた手で体にタッチされると、人間は反射的に体を固くします。お互いに固く緊張した体は、本来の自然な動きができず、ギクシャクした動きになって、介助者はさらに力が入ります。力と緊張の悪循環が起こります。

02 力を体の中心に集める

ワキを閉め、ヒジを絞る　…ワキが開く動きをしない

相手を立たせる介助では、**手の小指側**を意識して引くと、ヒジが絞られ、ワキがしまります。

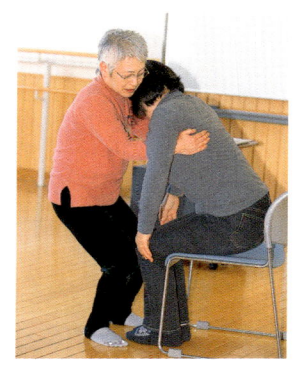

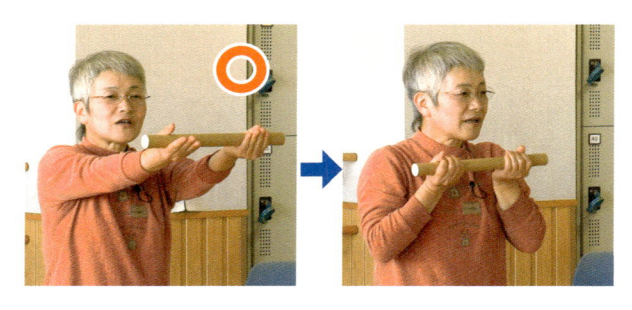

下から小指側に力を入れて引くとワキが閉まって力が集中します。

力を込めて引き上げようとすると…
親指側に力が入って、ワキが開き、肩がこります。

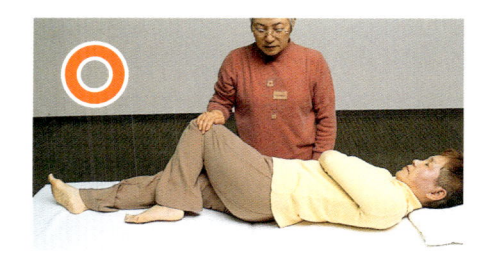

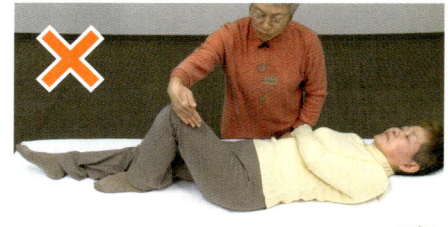

横に向ける介助でも、ワキの開くやり方はムダな力がいり、相手も不快になります。

👉 38頁参照

（2）介助の姿勢・動き

「足は親指・手は小指」に力を入れる

「運動は、全身の重力を体の中心に近づけてやらなければ非効率（力が集中しない）。疲労するだけでなく、体が崩れて運動系（筋肉・骨格）のアンバランスをまねく」
（橋本敬三著「万病を治す妙療法―操体法」より。

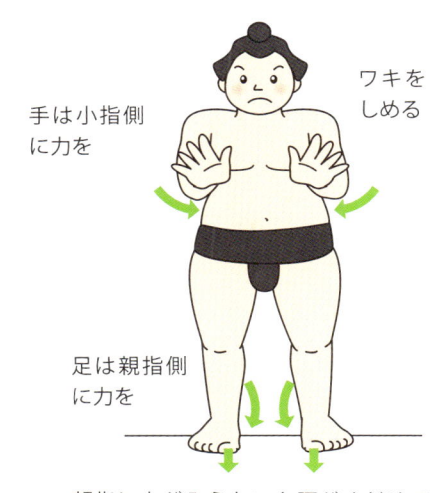

手は小指側に力を

ワキをしめる

足は親指側に力を

親指に力が入らないと腰がくだけて倒される

足は親指裏のふくらんだところ、拇指球を意識する。

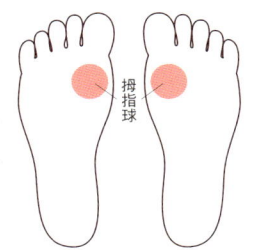

足先を正面に向けて、親指側（内側）を意識してヒザを曲げると、ヒザは内側に向きます。

これで体の重心が安定します。

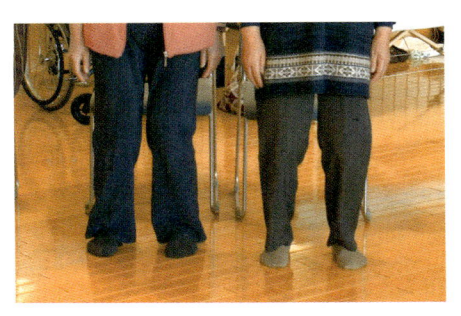

親指に力を入れても、ヒザが内側に向かない場合は、ヒザが痛いことが多いです（写真では右側の人）。

入門①

第3章 ラクラク介助の実際

01 立たせる介助

腰を痛めやすい、一般的なやり方

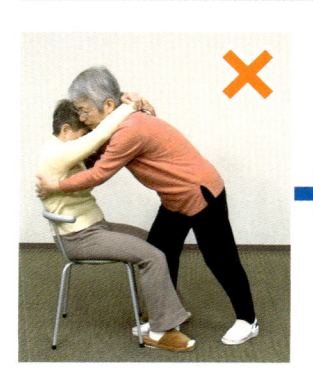

相手のヒザの間に片足を入れます。

🔘 基本①

肩につかまらせて、腰のベルトなどを持って引き上げます。

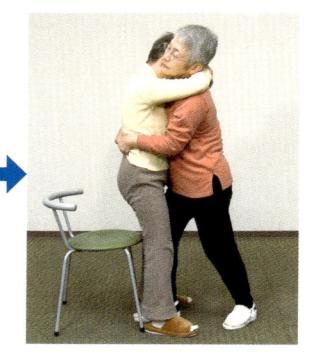

この引き上げる介助法で、腰を痛めている人が多い。されるほうも、しんどい。

重い相手を引き上げるのは、なおさら腰にくる

「ハイ、立ちますよ」

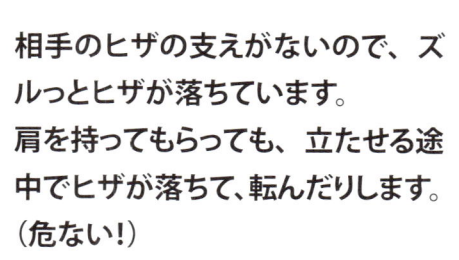

相手のヒザの支えがないので、ズルっとヒザが落ちています。
肩を持ってもらっても、立たせる途中でヒザが落ちて、転んだりします。
（危ない！）

🔘 入門①

「重〜い、腰にきた！」

「こうなるでしょ」「そうなんです」

おすすめの立たせ方＝『ヒザ付けダンゴ虫法』

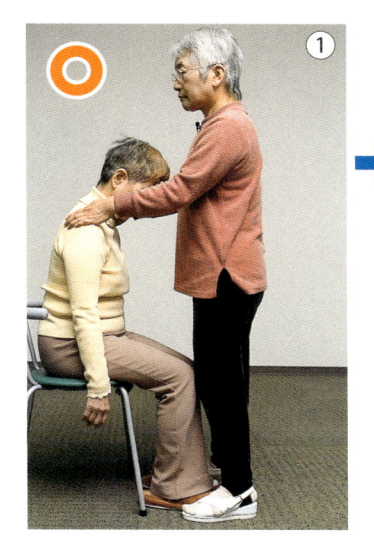

立たせる介助

①相手のカカトをヒザより奥へ、ヒザとヒザを付き合わせて立ちます。

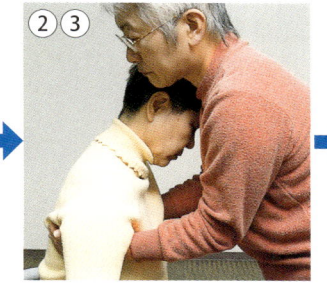

②相手の頭を少し引き寄せて、やや前かがみにします。
③相手のワキの下から手を入れて、肩甲骨のあたりを支えます。

④介助者はヒジを絞り、ワキを閉めます。

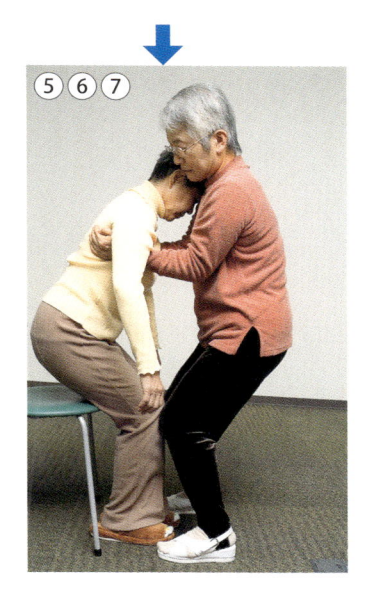

⑤ヒザを付き合わせたまま、ダンゴ虫の動きで相手を引き寄せます。
⑥相手の重心が移動してお尻が浮いてきます。
⑦さらにヒジを引いてお互いのバランスがとれると、自然に相手が立ち上がります。

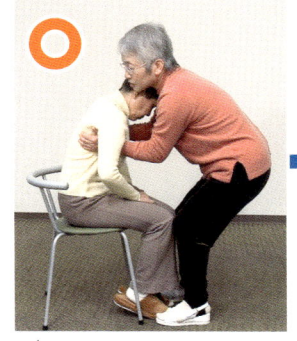

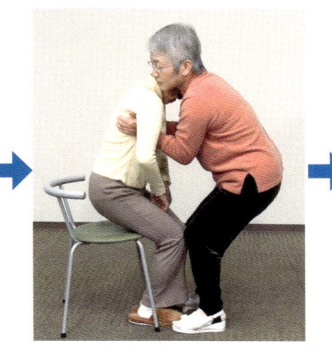

ダンゴ虫の動き＝ヒジも股関節もヒザも足首も曲がって体が丸くなる

基本①
（入門①も参照）

02 立たせる介助の注意点

第3章 ラクラク介助の実際

相手の手の位置で、ムダな力が必要になる

相手の手は肩につかまらせない ✕

手は下ろしておくのが基本 ◯

【なぜ？】肩につかまらせると介助者の動きが制限されます。

入門①

【つかまりたいときは、二の腕に】

介助者の二の腕に軽く手を添えるような気持ちでつかまったほうがムダな力がかからなくなります。

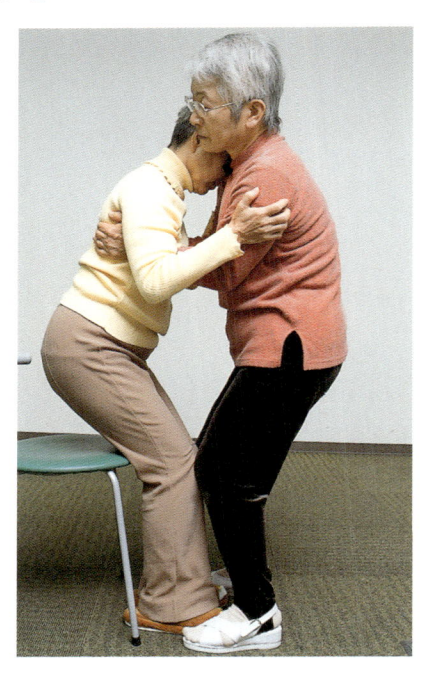

基本①

お互いに「ダンゴ虫」の姿勢になるのが基本。

相手を引き上げると、重く不安定に

腰を反らせて引き上げる　　　　ヒジを引いて立つだけ

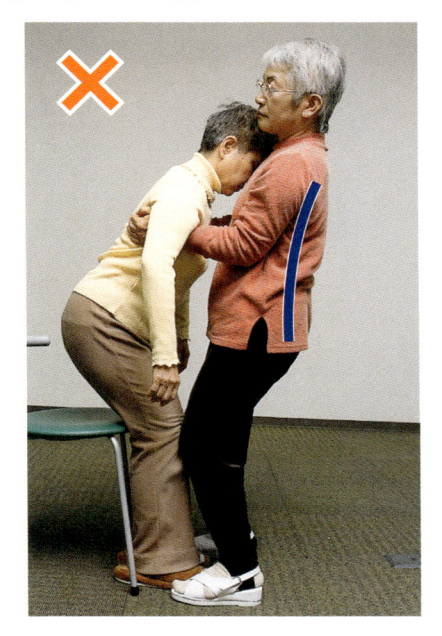

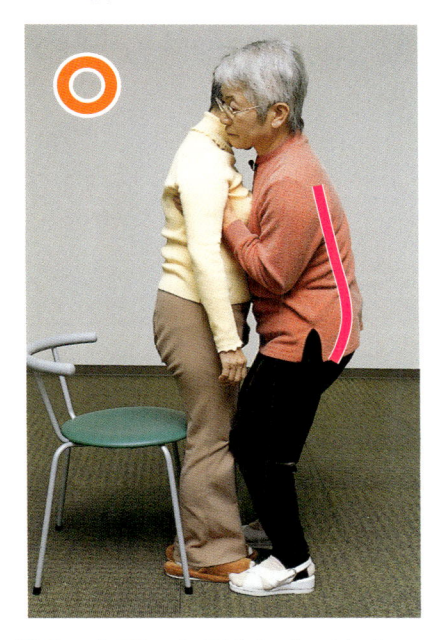

重く、相手も嫌な感じがします。　　軽く、お互いにラクに立てます。

🔘 基本①

ダンゴ虫の動きの途中で引き上げてはダメ。

お互いの重心がつりあうと自然に立ち上がります。　🔘 入門①

02 立たせる介助の注意点

03 立たせる介助の練習法

相手を引いて立たせる感覚をつかむ

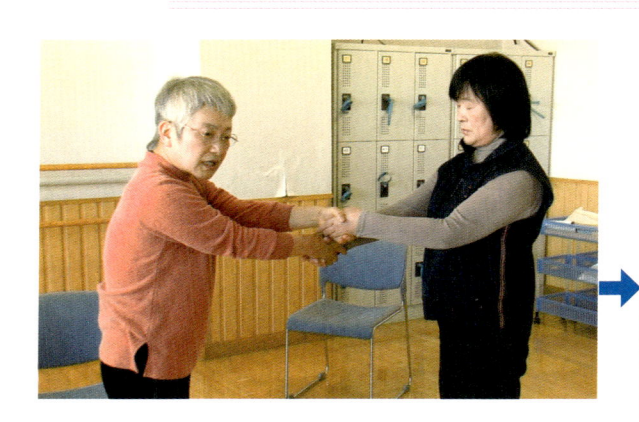

① 2人で向かい合い、両腕を交差して手をつなぎ、足は腰幅に開きます。
② お尻（丹田）を後ろへ。お互いに引き合います。

③ ヒザの位置は変わらずにヒザと股関節が曲がります。

> 引き合いながら、自分と相手のバランスを感じとる。
> 自分の体の重心がどこの位置にあるか、自分の姿勢（つま先とヒザの位置）を感じとる。

ここがポイント

④ バランスがとれたところでお互いが手を引く（ダンゴ虫になる）と…。

⑤ お互いが自然に立ち上がります。（足の力がいらず、腰にひびかない）

<元気な人同士でやってみてください>

腰が浮き軽くなるタイミングをつかむ

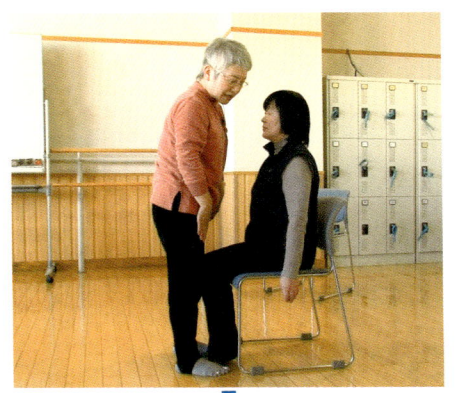

①相手のカカトを奥に引かせて、ヒザを付き合わせて立ちます。

この時、相手の手は、下ろしたままにします。

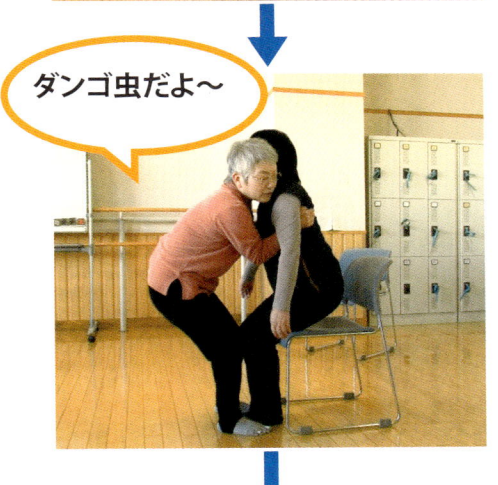

ラクラク介助の合言葉
『ダンゴ虫だよ〜』

ヒジもヒザも曲げ、お尻を引き、ダンゴ虫のように丸くなる。

ダンゴ虫だよ〜

②介助者はワキを閉めて相手を引き寄せます。相手の腰が浮いて、重心が足の上へ移動すると立ちはじめます。この時、介助者の**ヒザに伝わる感覚がスッと軽くなります。**

持ち上げずに引くだけ

③上半身を引き寄せたまま、一緒に立ち上がることができます。

または、ヒザを付き合わせたまま、さらに上半身を引き寄せると、相手は自然に立つことができます。

03 立たせる介助の練習法

入門①

04 立たせる介助のくふう

背の高い人が低い人を介助するとき

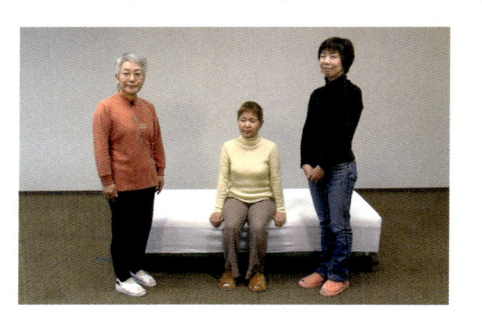

『ヒザ付けダンゴ虫法』で立たせようとするとき、自分のヒザが相手のヒザより高く、ヒザの位置が合わなくて困ることがあります。

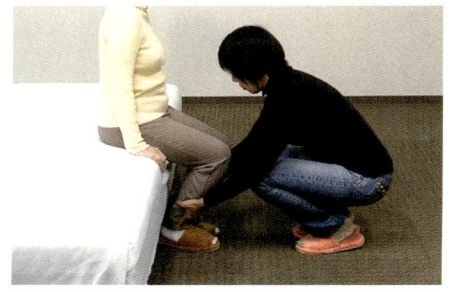

相手のヒザを揃え、カカトを奥に引かせます。

くふう・その1　X字型

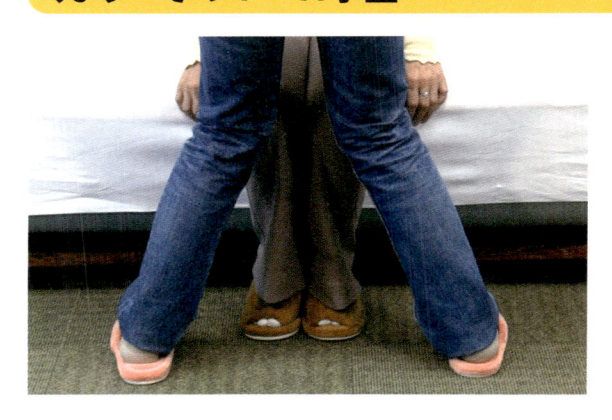

足を開いて立ち、ヒザを付き合わせます。

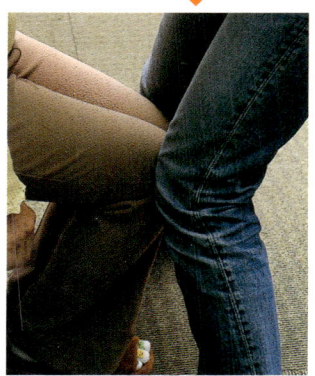

ここがポイント

相手のヒザを挟みます。

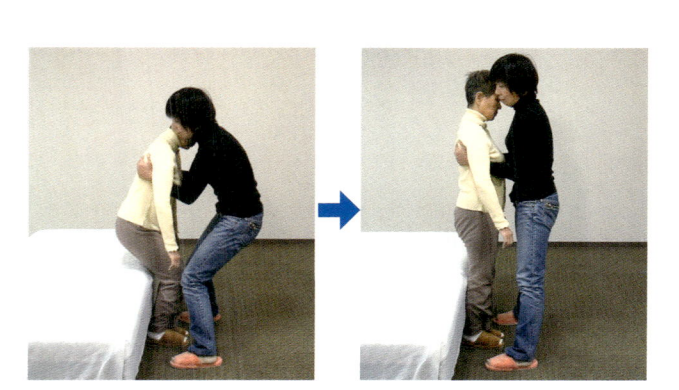

ダンゴ虫の動きで相手を引きます。　自然に立ち上がることができます。

くふう・その2　O字型

ここがポイント →

相手の足の間に両足を入れて立ちます。

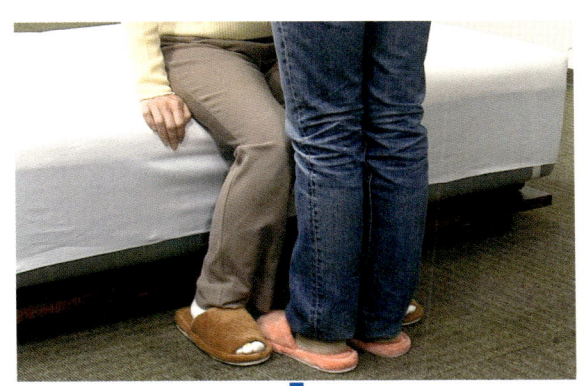

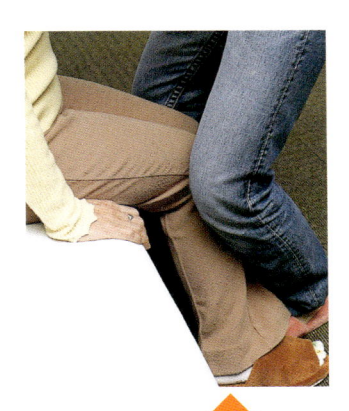

← ここがポイント

足はそのままで、ヒザを開いて相手のヒザを挟むようにします。

同じく、ヒザを挟んで立ち上がります。
相手が安定感を覚えるやり方です。

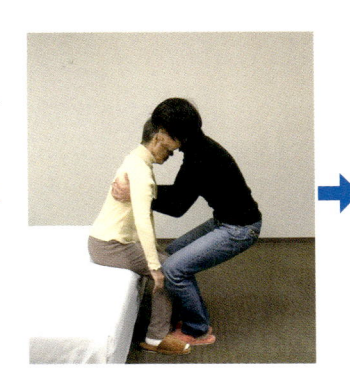

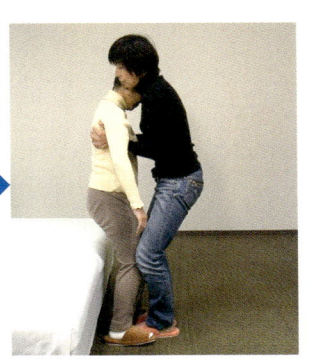

基本①

立たせる介助のくふう

05 座りなおしの介助

第3章 ラクラク介助の実際

イスに深く座らせたいとき

立たせる介助（ヒザ付けダンゴ虫法）の応用技術です。
この技術は車イスでも応用できます。

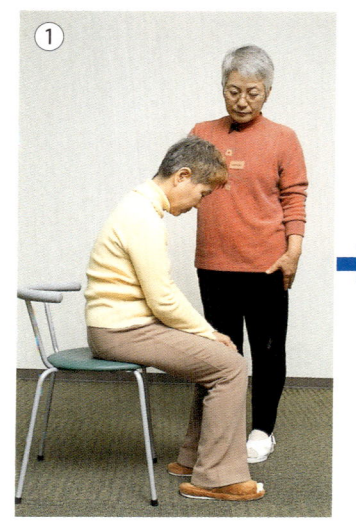

① 浅く座った相手を、ラクに奥へ動かしたいとき。

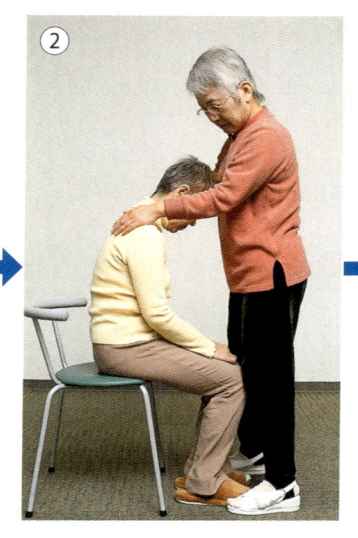

② 相手のカカトをヒザより奥へ移動させ、ヒザを付き合わせて立ちます。

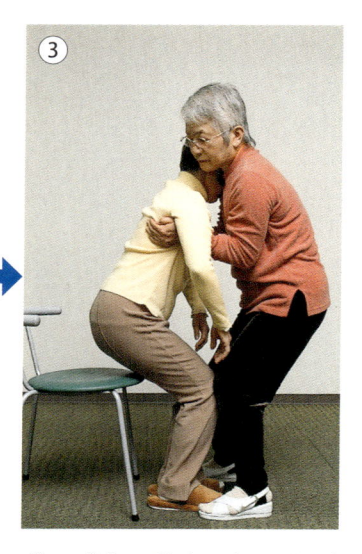

③ ダンゴ虫の動きで相手を引き寄せます。相手のお尻が浮きます。

ここがポイント →

相手のお尻が浮いたら、自分の腰を下ろします。
相手のヒザが押されて、相手のお尻が奥に移動し、ゆったり座れます。

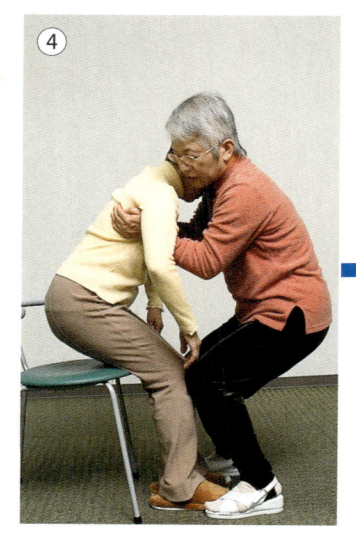

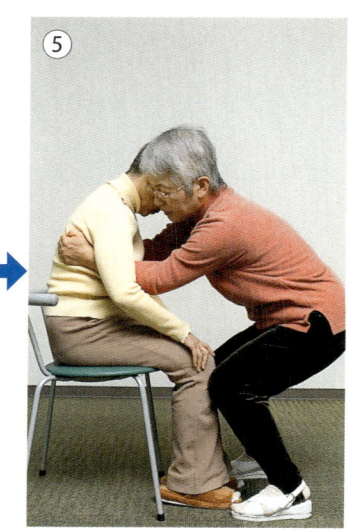

④

⑤

基本②

30

座りなおし介助の注意点

安全・安心なやり方

介助者のカカトの位置に注目を。

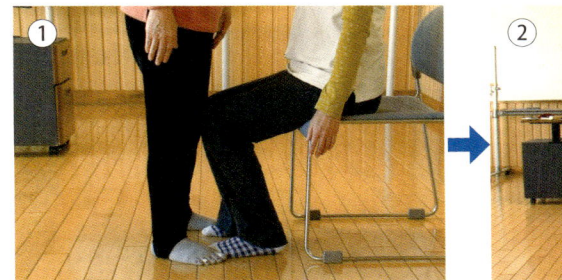

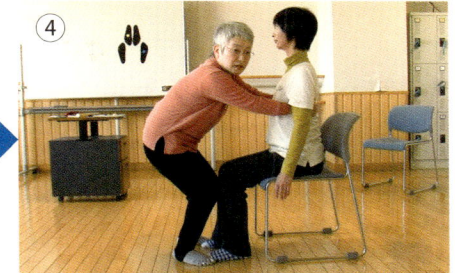

上のやり方では、**介助者の足が最後までしっかり床に着き**、安定した座りなおしができています。

危ないやり方

介助者のカカトが浮いている。

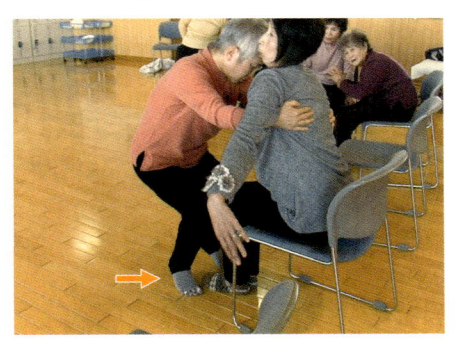

介助者が腰を下ろさずに、相手のヒザを奥へ押そうとすると、カカトが浮いて不安定な動きになります。相手を支えきれず、ドスンと衝撃を与えるおそれがあります。

カカトが浮く介助では危ない。自分が座る動作だけで相手のヒザが押されて、お尻が奥にいきます。

入門②

06 車イスの移乗介助

「ヒザ付けダンゴ虫法」で立たせて移す

(注意：すべりやすい材質の着衣はさけてください)

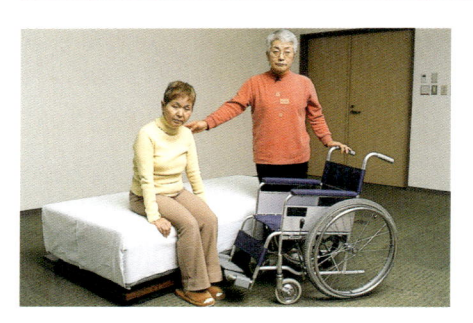

車イスはベッドと30度の角度にします。

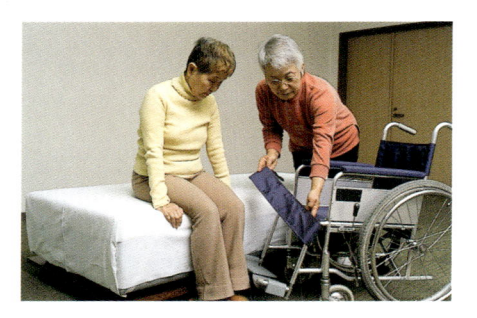

車イスのレッグレストは外しておき、フットレストも上にたたみます。

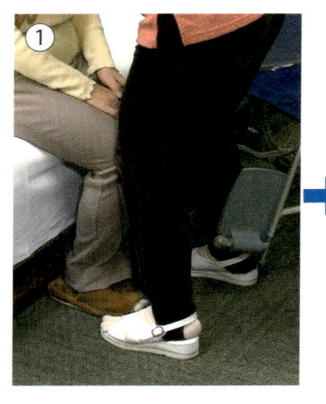

① 正面に立って相手のヒザを挟みます。

② 介助者はダンゴ虫の動きでヒジを引き寄せます。

③ 相手のお尻が浮きます。

ここがポイント

相手のお尻が浮いたら、自分の重心を車イスと反対側（左足●）に移します。

相手を支えたまま、介助者は車イスのほうに体を向け（回旋）ます。この時、右足先も車イスのほうを向きます。

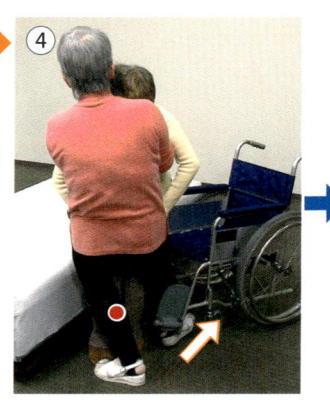

④

⑤ 右ヒザを曲げ、腰を下げて、相手をとりあえず車イスに座らせます。

第3章 ラクラク介助の実際

（1）ベッドから車イスへ

両足の重心移動で、安全に移乗させる

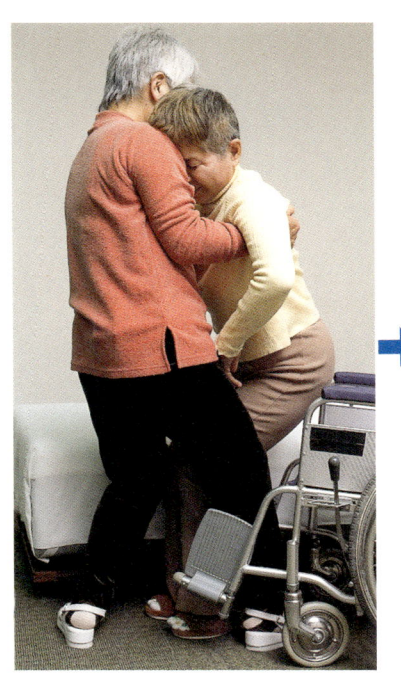

自分の重心を左足から右足へ移します。

右ヒザを曲げて相手をゆっくりすわらせます。

ここがポイント
右足・右ヒザが車イスに向いている。

座りなおしで、奥に座らせる

相手のヒザに自分のヒザを付き合わせます。

相手のお尻を浮かせて…

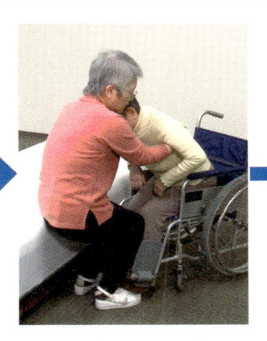

自分が座って相手のヒザを押して…

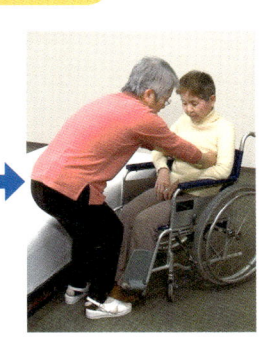

相手を奥へ座らせます。

06 車イスの移乗介助 （1）ベッドから車イスへ

基本③
（入門③も参照）

07 車イスの移乗介助

座りなおしで立ちやすく

(注意：すべりやすい材質の着衣はさけてください)

車イスに深く座った人をベッドに移すときは、浅く座りなおしをします。

立ちやすいように、もっと前に出しますよ

介助者はヒザを付いて座り、相手に自分の肩につかまらせて、前傾させます。

片手は車イスを支え、もう片方の腕を伸ばして、相手の骨盤を手前に引きます。これを左右交互に繰り返すと、相手をイスの前方に移動することができます。

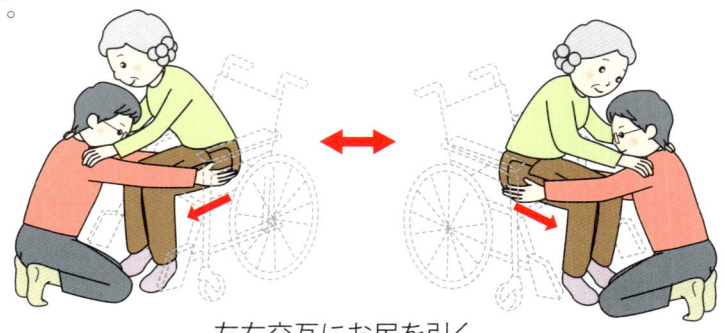

左右交互にお尻を引く

(2) 車イスからベッドへ

重心移動でベッドへ移す

相手のヒザを付き合わせてダンゴ虫の動きで引きます。

ヒザを付けて引くと、相手のお尻が浮いてきます。

ここがポイント
介助者はベッドの反対側の右足●に重心を移します。

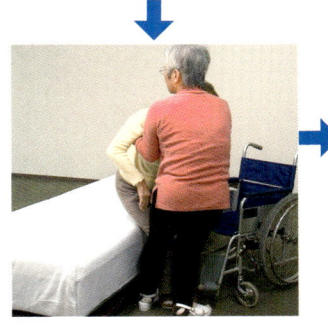

相手のヒザを挟んだまま、ゆっくり左へ向きます。

自分の体を沈めると、相手のお尻はベッドの上に下りています。

奥に座らせたいときは、またヒザを合わせて座りなおしを。

07 車イスの移乗介助 (2) 車イスからベッドへ

基本③

08 横向きの介助

お互いがつらい、一般のやり方

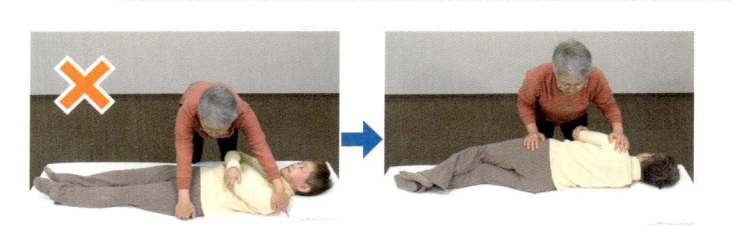

腰と肩に手をおいて、同時に引いて転がします。

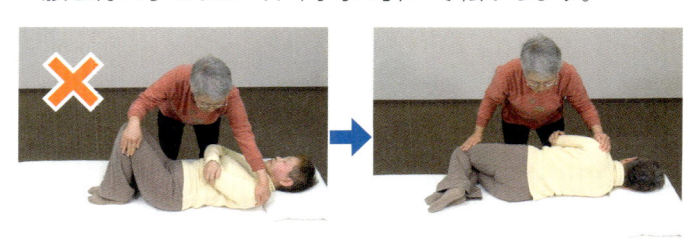

介助者は力が要るし、腰を痛めやすい。
（中腰なら、なおキツイ）
相手も、ゴロンと転がされて、嫌な気分。

ヒザを立て、ヒザと肩を支えて、一緒に引き寄せます。

こちらも不自然な気分になります。

おすすめの横向け法【手前に向ける】

（注意：人工骨頭の人には禁）

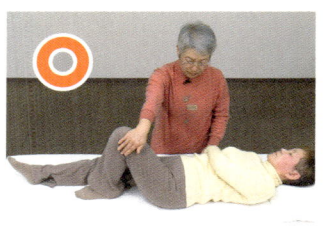

相手の向こう側のヒザを立て、手はお腹の上におきます。

ハイ、横向きになりますよ

片手でラクラク横向きに。

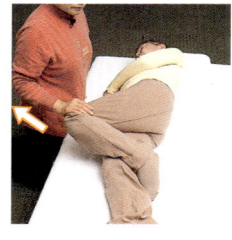

片手で相手のヒザを自分に引き寄せます。
これなら、自然に腰も肩もついてきます。

相手のほうも、自然な気持ちよい動き。

(1) ラクで気持ちよい横向け法

横向きが不足のときは

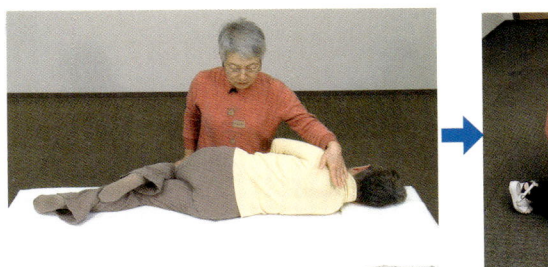

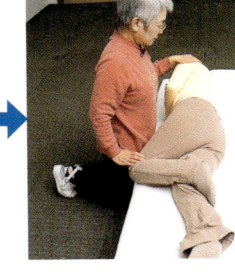

ヒザを引いたあとで、肩を引き寄せます。このほうが自然な動きになります。

あお向けに戻すときは

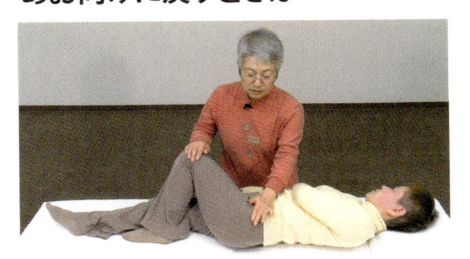

相手の骨盤を押せば、元に戻ります。

おすすめの横向け法【むこうに向ける】

（注意：人工骨頭の人には禁）

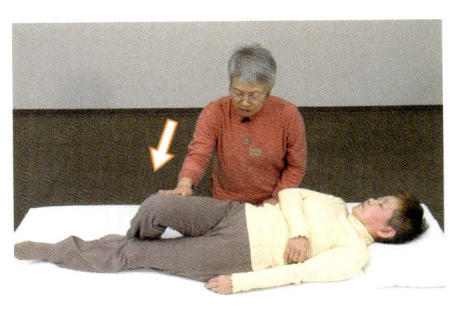

相手の手前のヒザを立てて、手はお腹の上におきます。
ヒジを伸ばしてまっすぐに相手のヒザを押します。

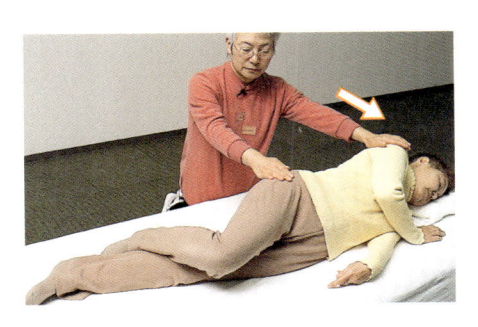

相手の肩が残れば、ヒザのあとに肩を押します。戻すときは骨盤を引きます。

基本④
（入門④も参照）

08 横向きの介助 (1) ラクで気持ちよい横向け法

09 横向き介助の注意点

ラクに介助できる指先の向き

（注意：人工骨頭の人には禁）

手前に向けるとき

指先が外側を向くように。

相手のヒザ頭よりも少し太もも寄りに手を置きます。

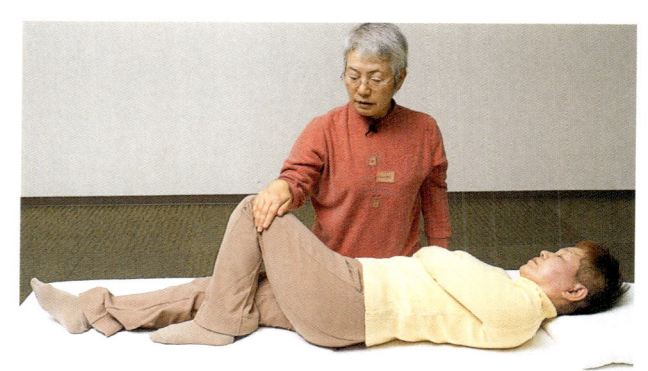

相手のヒザを動かそうと思わないで、**自分のヒジを引く**ようなつもりで行ないます。

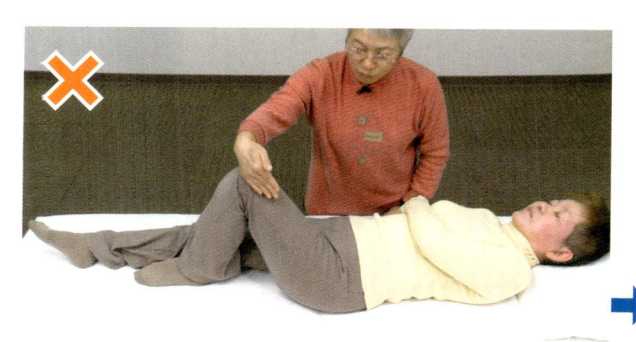

指先が内側に向くと、引いたときに**ワキの開く動き**になってしまいます。これでは相手の体がついてきません。

グーっと力を入れて引くと、相手の体に嫌な感じが走ります。
これだと介助者もすごく力が要るし、**相手の嫌がる動き**になります。

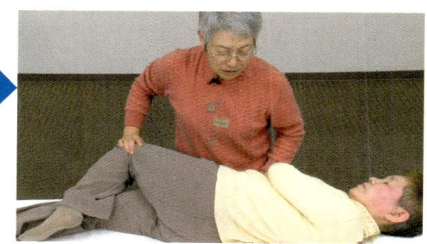

むこうへ向けるとき

指先は太ももに沿って外向きにします。

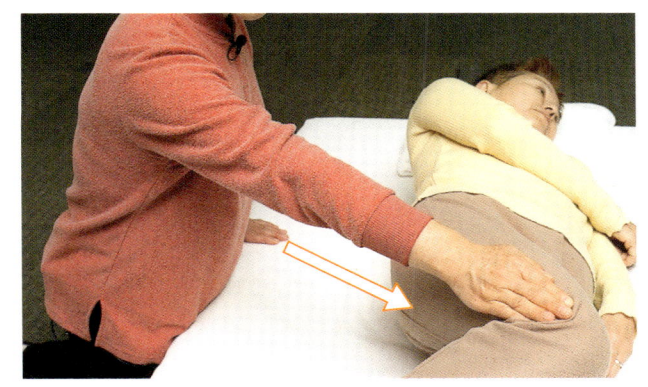

相手とおへその位置を合わせて立って、相手のヒザの少し太もも寄りを、**ヒジをまっすぐ伸ばしてむこうに押します。**

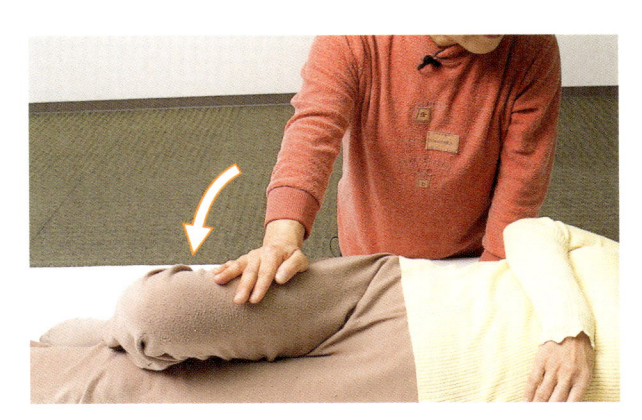

指先を外に向けるとワキも閉まって、力が丹田に集中し、押すのもラク。相手も自分で横を向いた感覚！

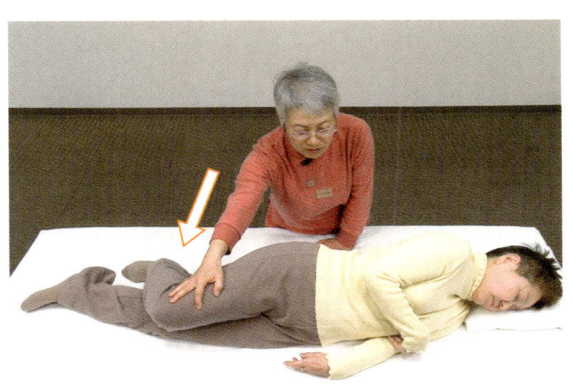

09

横向き介助の注意点

基本④
（入門④も参照）

10 横向きの介助

手前に向けるとき

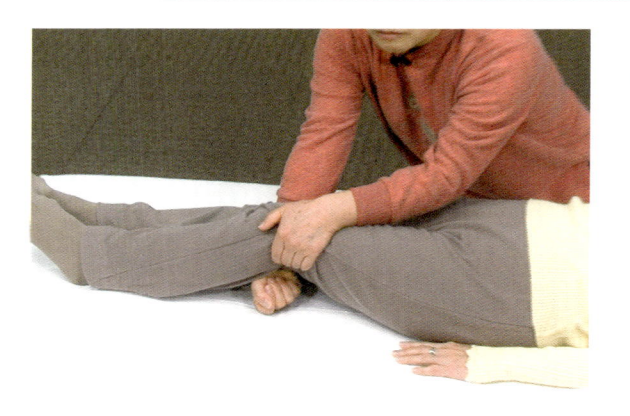

（注意：人工骨頭の人には禁）

寝たきりの人には、**ヒザの曲がりにくい人**が多いもの。褥瘡（じょくそう）を防ぐためにも、体を横向きにしてあげることが必要です。
ヒザの下に握りこぶしが一つぐらい入る人であれば、片手で横に向けられます。

自分の手をヒザより少し太もも側に置く。

ここがポイント

ダンゴ虫の動きで自分のほうに引きます。
介助者は、ワキを閉めて、**体全部が縮んで小さくなろうと思って動きます**。
そうすると、相手は不思議についてきて、横に向かせることができます。

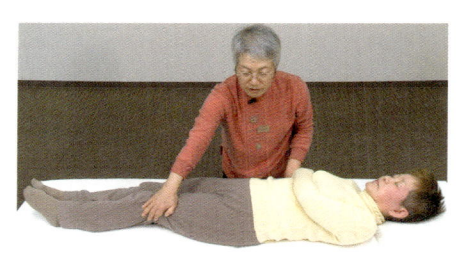

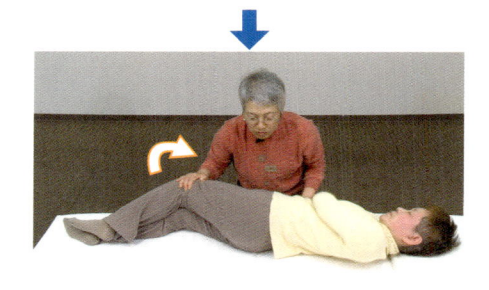

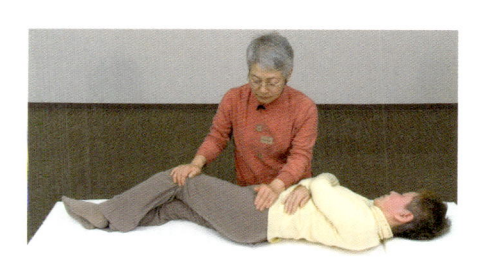

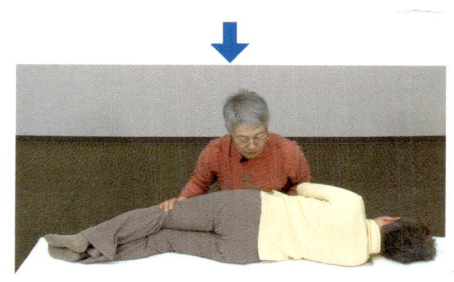

あお向けに戻すときは、相手の骨盤を押します。

（2）ヒザが曲がりにくい人への介助法

むこうへ向けるとき

（注意：人工骨頭の人には禁）

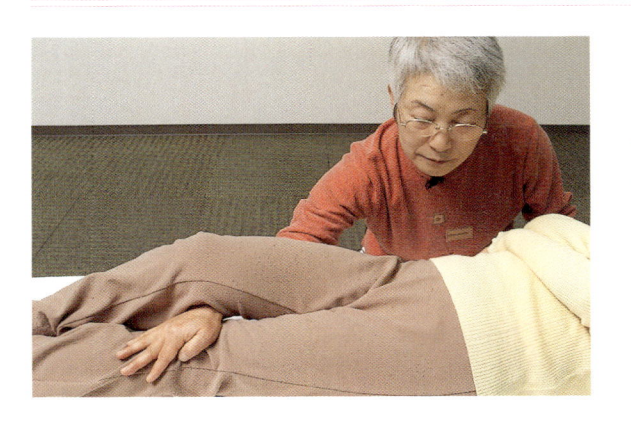

手前のヒザの下から自分の手を入れて、相手のむこう側のヒザの上に置きます。

ここがポイント

介助者の体幹（点線）のひねりがポイントです。

自分と相手の中心（おへその位置）を合わせて、手のひらを支点に腕・肩を内側へグッとひねると、相手の骨盤が動き、横に向いてくれます。

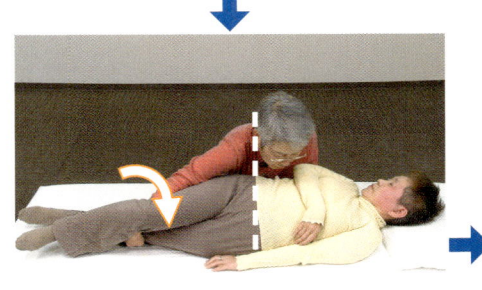

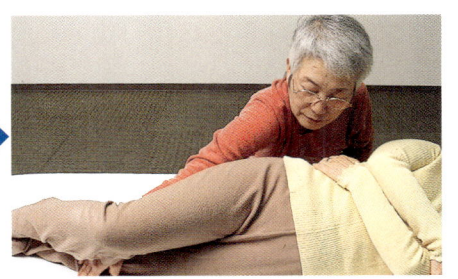

相手の肩が残ったときは、最後に肩を押すときれいに横に向かせることができます。
ヒザ、腰、肩の順で連動させると、相手も気持よく横になれます。

基本④

11 オムツ替えの介助

使って便利な「ヒジ当てお尻浮かせ法」

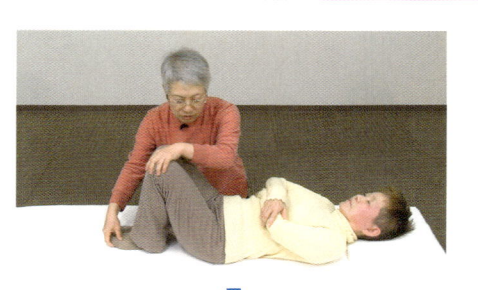

お尻を上げたいとき、両手で持ち上げるのは、とっても重くたいへんです。

ヒザをしっかり曲げられる人に適用できます。
両ヒザをふかく曲げて立てます。

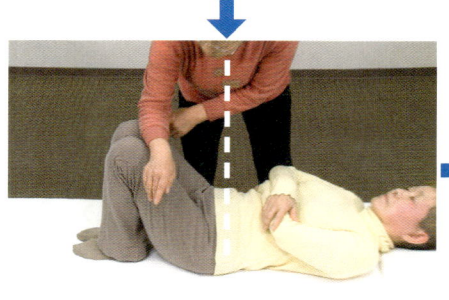

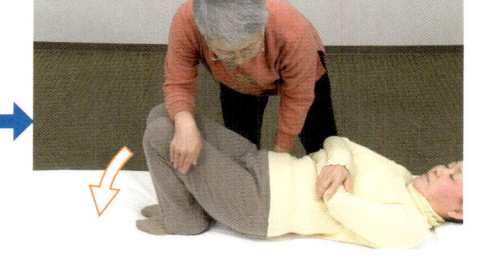

相手と中心を合わせて立ち相手のヒザに自分のヒジを置きます。

ワキをしめてヒジに自分の体重を乗せると相手のお尻が少し浮きます。

オムツ交換に便利

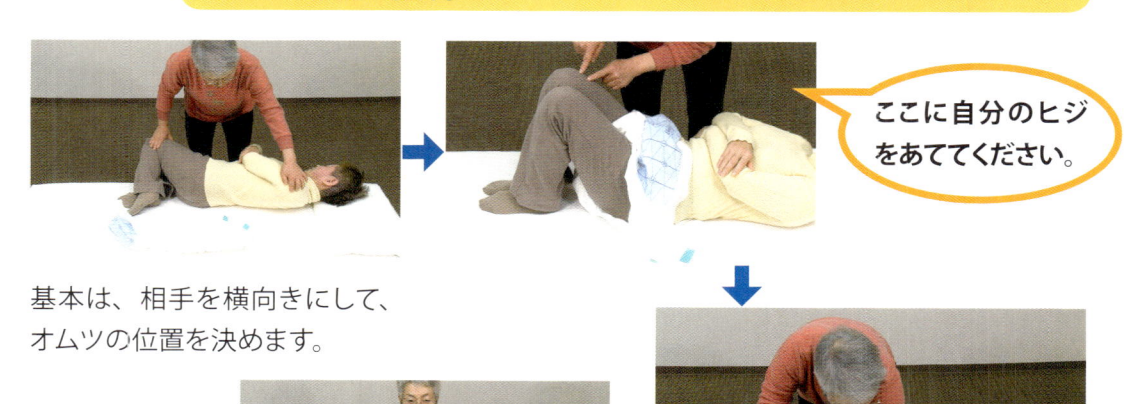

基本は、相手を横向きにして、
オムツの位置を決めます。

ここに自分のヒジをあててください。

お尻浮かせ法で、オムツの位置を微調整できます。

基本⑤

ベッドでの横移動に便利

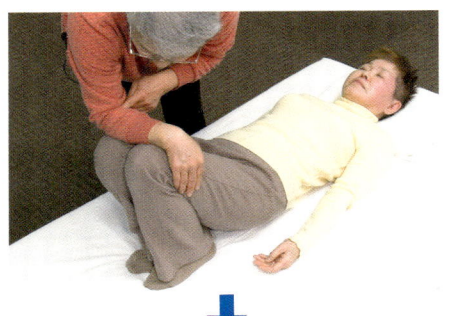

● 手前に寄せたいとき

相手のヒザを自分側に寄せるつもりで、自分の体重をヒジに乗せ、相手のお尻を浮かせます。

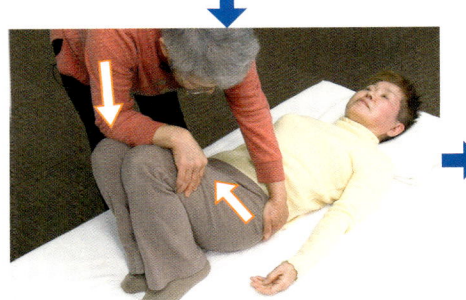

浮いたお尻を少し手前に引きます。

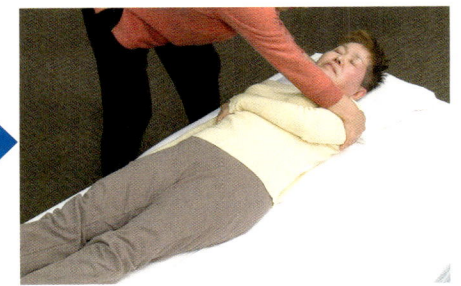

ヒザを伸ばし、頭を浮かし上体を手前に寄せます。

● むこうに動かしたいとき

相手のヒザを立てて、ヒジに体重を乗せ、相手のお尻が浮いたときに、骨盤を向こうに動かします。

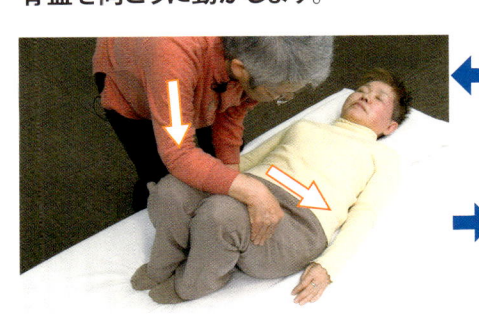

ヒジを当てて体重を乗せるやり方は、わずかにお尻が浮く程度ですが、これで多少の横移動は、さほど力がいらずにできます。

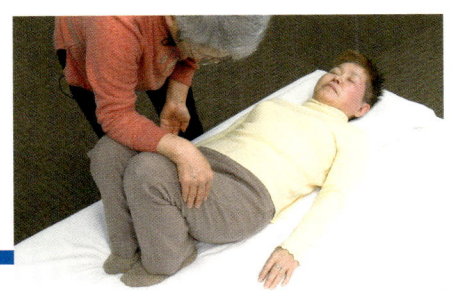

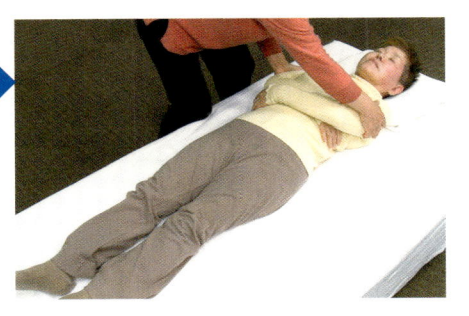

オムツ替えの介助

基本⑥

12 起こす介助

第3章 ラクラク介助の実際

お互いにつらい、一般的な起こし方

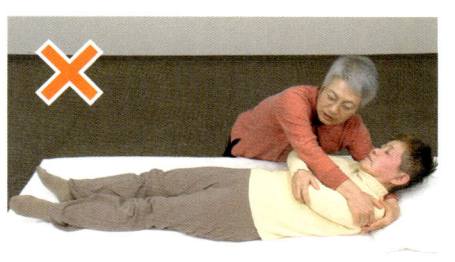

[例1]
相手の胸の上に手を組ませて、首や肩を両手でしっかり支え、直線的に起こそうとします。
力まかせの起こし方で、自分も相手もつらい動きです。

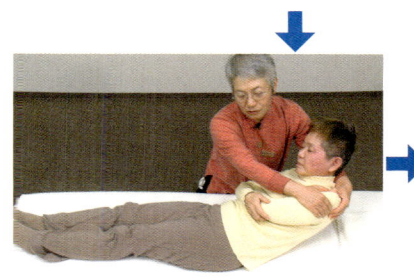

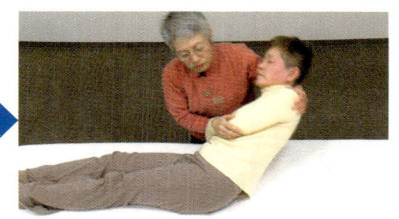

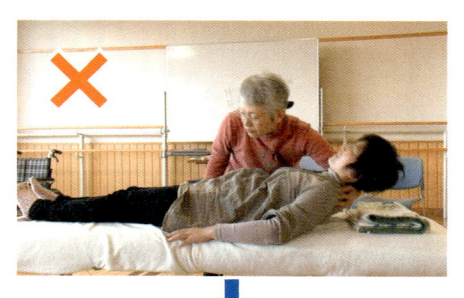

基本⑦

[例2]
首を支えて、まっすぐに起こします。これはお互いにきつい動きです。
こんな介助を何回されても、自然な起き方とは違うので、自分で起きられるようにはなりません。

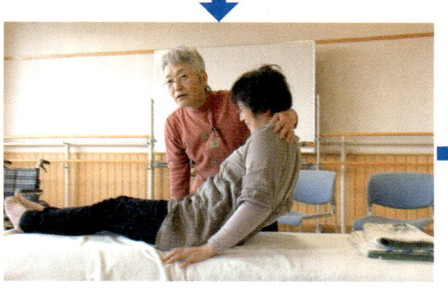

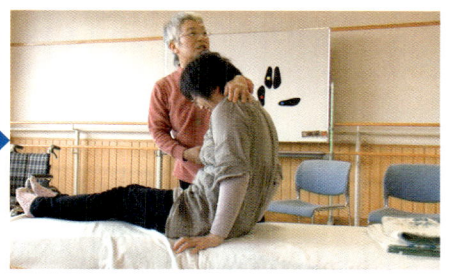

入門⑤

（1）つらい介助からラクな介助へ

おすすめの起こし方＝自然な動きを介助する

まずはヒザ倒し・横向きから

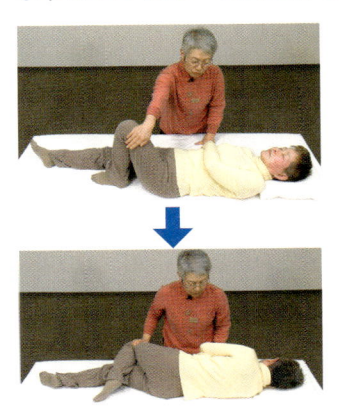

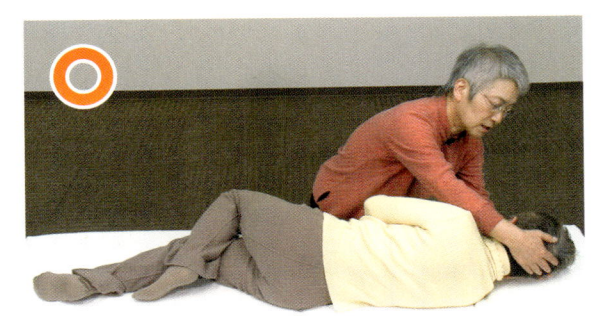

相手の頭を支えて自分のほうに引きます。
相手はヒジに体重を乗せて、手をついて起き上がります。
この介助で、相手の体には自然な連動が働きます。

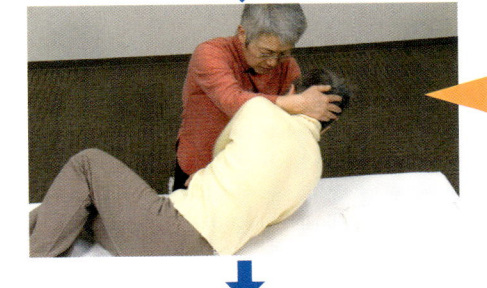

首ではなく頭蓋骨を支える。
ヒジを絞ってワキを閉めて、引き寄せる。

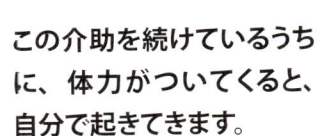

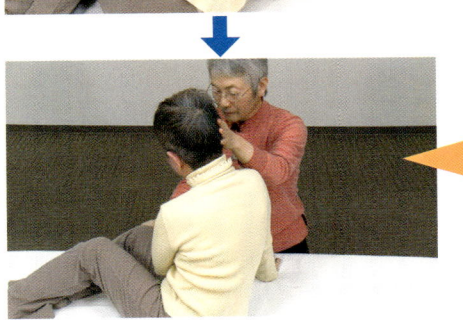

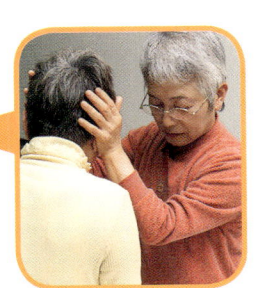

この介助を続けているうちに、体力がついてくると、自分で起きてきます。

基本⑦
（入門⑤も参照）

13　起こす介助の注意点

嫌な方向に起きていませんか ＝腰痛・ヒザ痛がとれない人へ

両ヒザ倒しチェックのすすめ

介助する人・される人、どちらもチェックを！

右に倒す　⇔　左に倒す

2〜3回やってみる
どちらが嫌ですか？　やりにくいですか？

両ヒザ倒しで嫌な方向に起きている人に腰痛・ヒザ痛などの不具合があることが多いのです。
治療に通っても治らない人は、毎日の起きる向きに注意してください。

なぜラクなほうと反対側に起きているのか？

ベッドで寝ている人。片方に壁などがあると、起きる方向が決まってしまいます。
それが「両ヒザ倒し」で嫌な方向だと、体の不具合はいつまでも回復しないことがあります。

そんな人は、ベッドの頭の位置を反対向きにして、起きる方向をラクなほうに変えるのも対策の一つです。

介助する人・される人どちらでも、
腰痛・ヒザ痛などの不具合がある人は、「両ヒザ倒し」で
ラクな方向をチェックしてから起こすこと、起きることが大切です。

腰痛のある人の起こし方・起き方

ギックリ腰をおこしやすい人でもこれなら痛くならない

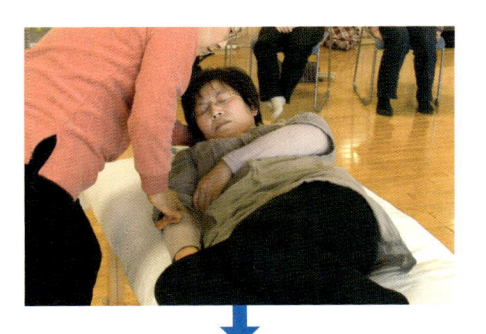

この人は、**右がラクだったので、右側へ、動きを誘導します。**
頭を支えて、右ヒジに体重を乗せるように体のひねりをゆっくり介助します。

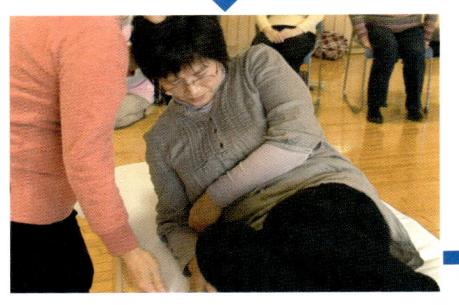

おへそをのぞくように、頭から背中も丸くして、手を着いて起き上がります。

介助者が相手のヒザを手前に引けば、ベッドに座れます。

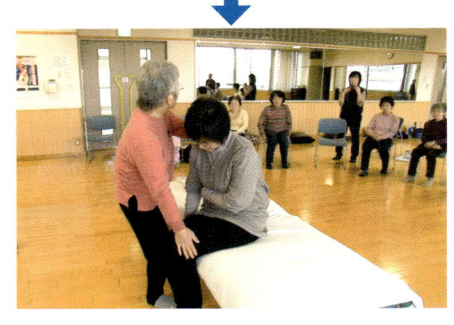

👉『両ヒザ倒し』とは？　56頁参照

入門⑤

14 起こす介助

両足を振り子に、ラクに起こす

まずは横向きに。相手のヒザが立てられれば、片手でも横に向けられます。

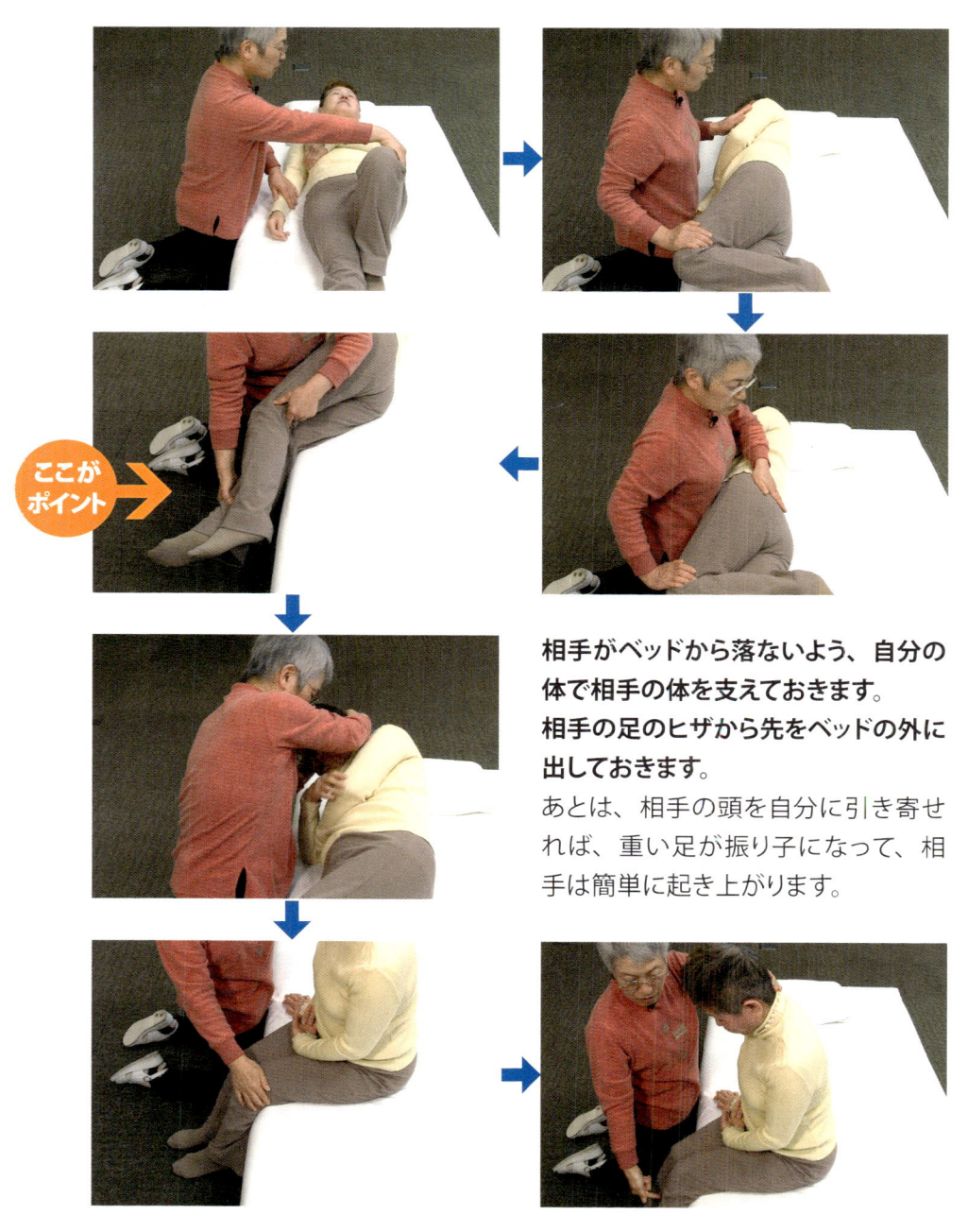

ここがポイント

相手がベッドから落ないよう、自分の体で相手の体を支えておきます。
相手の足のヒザから先をベッドの外に出しておきます。

あとは、相手の頭を自分に引き寄せれば、重い足が振り子になって、相手は簡単に起き上がります。

注意：ベッドの端が柔らかくて不安定な場合、この介助を行なうのは危険です（エアーマットは空気を抜いておきます）

基本⑦

（2）重い体の人を起こすとき

ベッドから立たせるときは、座り位置を修正する

相手のヒザをもっと前に出して、立たせる介助へ。

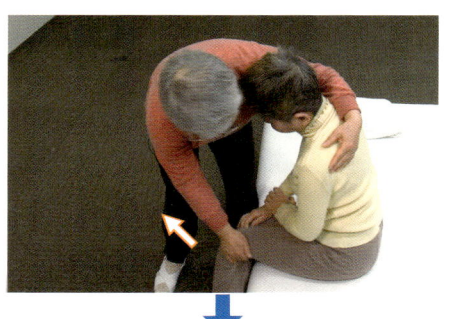

このとき相手の肩を自分に寄せて、ヒザを交互に引いたり、押したりして前進させます。

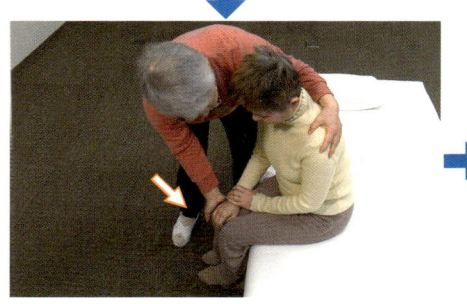

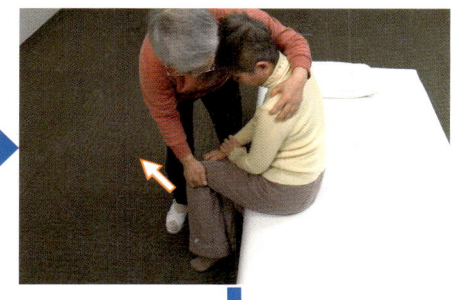

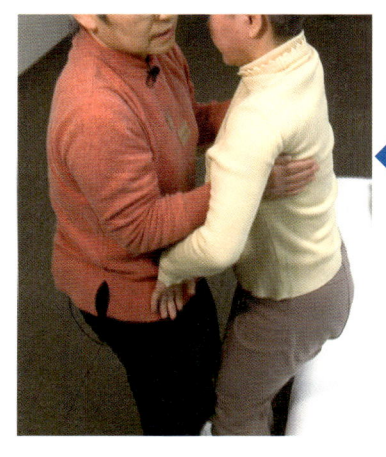

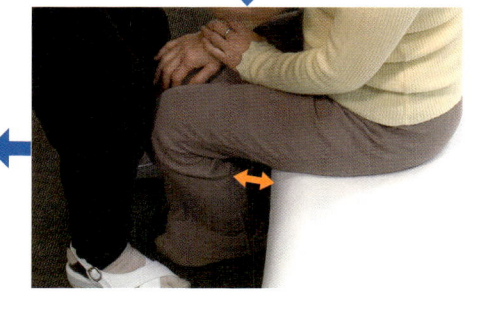

ベッド端に足を下ろして、次に立ち上がる時、ヒザ裏に余裕がないと動きにくいものです。座る位置を修正してから立たせます。

相手のヒザが出たらカカトを引かせて、相手とヒザを付き合わせます。
これで立たせる介助ができます。

基本⑧

15 起こす介助

相手の腕を支えにして、腰を痛めずに起こす

ヒザが痛くて、『ヒザ立ち』での介助ができない人や、腰痛で本来の基本的な介助ができない人の介助法です。
これは、介助する相手に起きたい気持ちがある場合に使える介助法です。

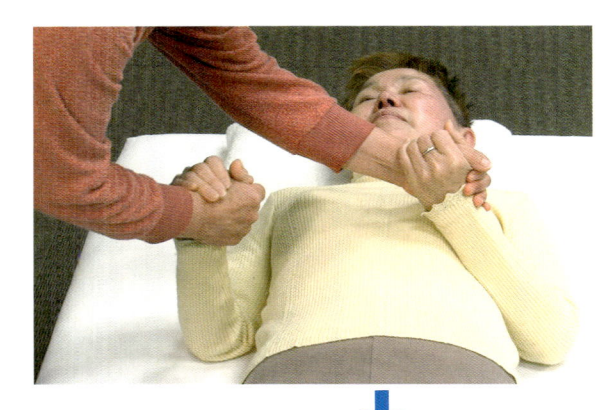

相手と、右手と右手、左手と左手を、親指同士握るように組みます。

「起きますよ」と声掛けしてから手を握る。

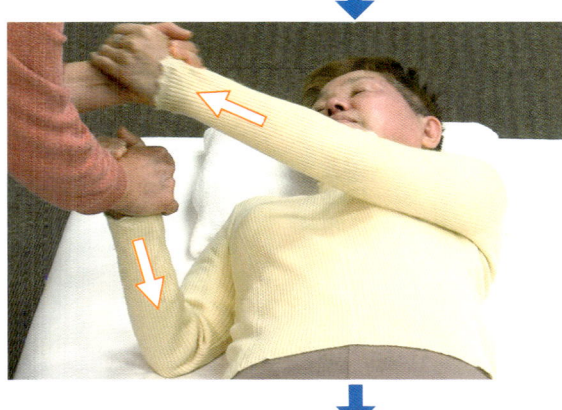

ここがポイント

介助者は、**相手の手前のヒジをベッドに押すように**（この腕が支えになる）。
相手の向こうの腕を引くように、自分の方にひねって起こします。

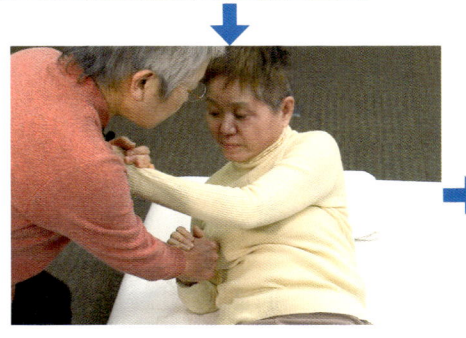

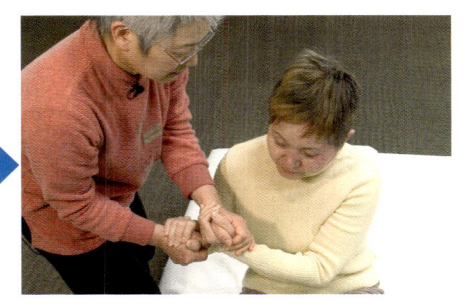

低いベッドでも、介助者の腰が痛まずに起こせます。

基本⑦

（3）介助者のヒザ・腰が痛いとき

寝かせるときは？

まっすぐそのまま寝かされるのは、**本人はとても怖いものです。**（後ろに目がないので、不安な気分に）

寝かせるときも自然な動きで（起きるときの逆モーション）相手の頭を支え、頭を下げて体をひねらせます。
ヒジをつかせ、おへそを見るように体を丸くさせて、次に肩をつけ、頭を下ろして、「お休みなさい」。

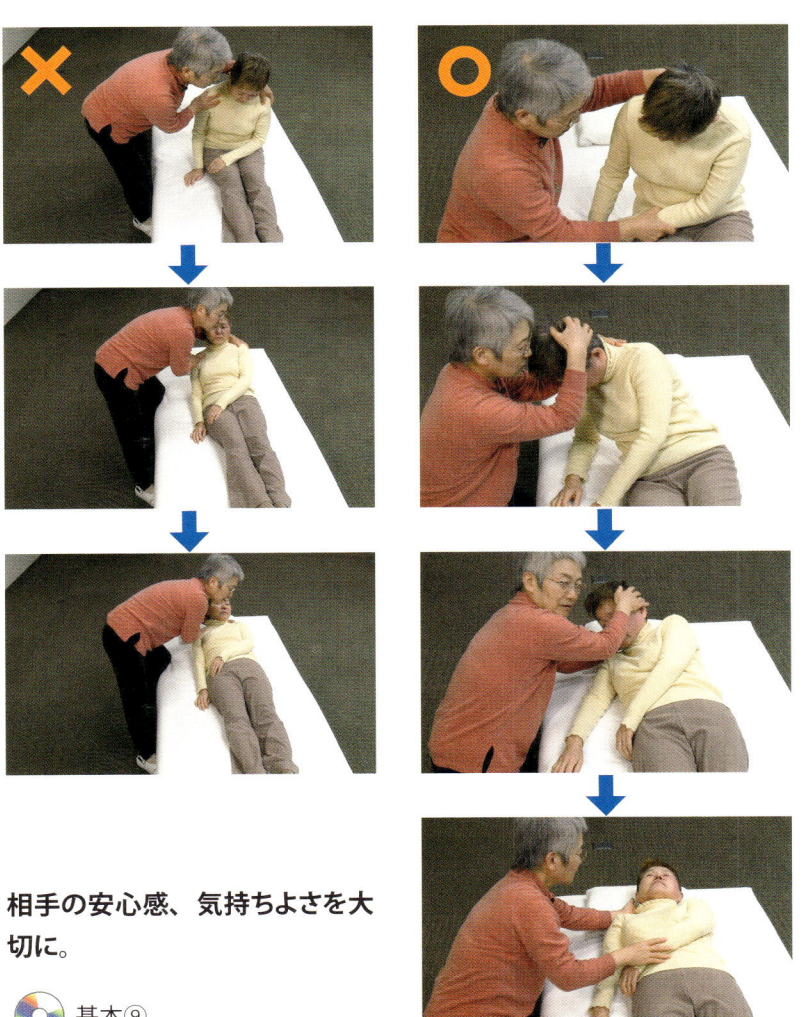

相手の安心感、気持ちよさを大切に。

基本⑨

16 起こす介助

第3章 ラクラク介助の実際

どちら側に起こすとよいか？

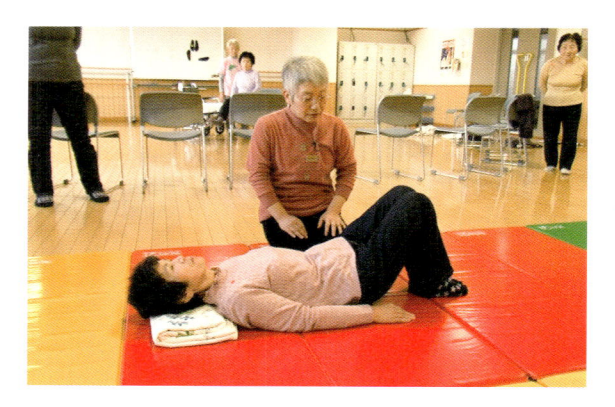

起こす前には『両ヒザ倒し』でチェックを。

（両ヒザ立てて）
左右に倒してみてください。

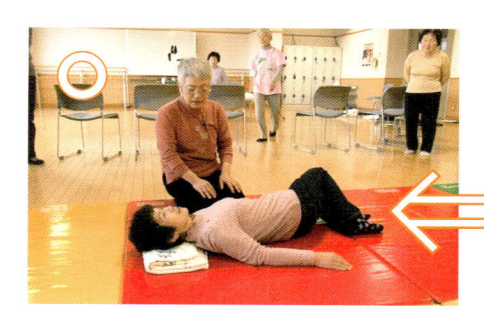

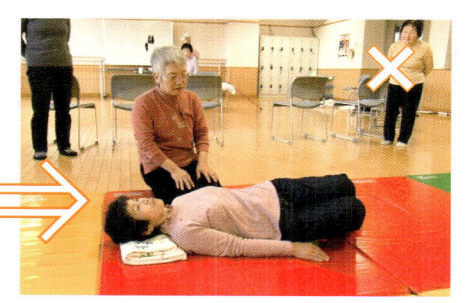

◎ 左倒しがラクで　⇔　× 右倒しは嫌な感じ

Q：いつもどっち側に起きていましたか？

寝床で両ヒザ倒しをしてラクな方向に起きていれば腰痛は治ります

A：嫌なほうに起きていました（苦笑い）

（4）畳（布団）の上での起こし方

お互いがラクな起こし方

介助者は相手の頭に自分の中心を向けます。

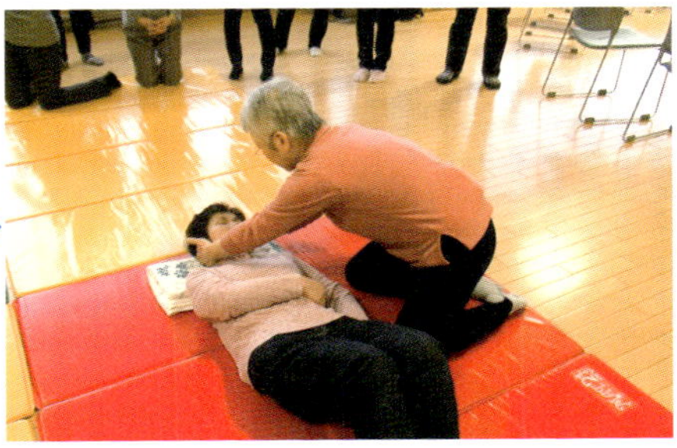

介助者は、相手のおへその位置に座り、右ヒザは頭のほうに開きます。**相手のヒジを支点に、自分に引き寄せながら起こします。**

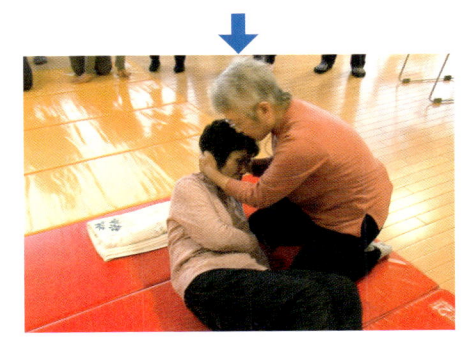

両手で相手の頭を支えます。

相手のヒジに体重を乗せます。

自分のほうに引き寄せます。

これで「痛くない、軽く起きられる（笑）」

入門⑥

歩行介助の事例紹介

家のなかをラクに歩かせる介助法

🔘 歩行介助事例編

平町さん（90歳・1人暮らし）とお友達の河西さん。河西さんは坂本先生の介護教室の受講生。

「うまいこと歩けない」足を見せてもらうと…

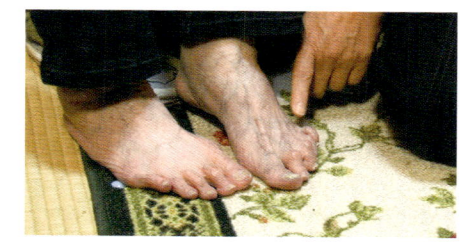

左足の指が固まり縮んでいます。

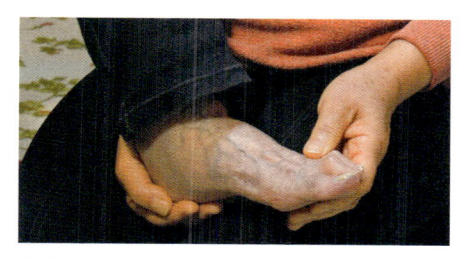

親指以外を伸ばせません。

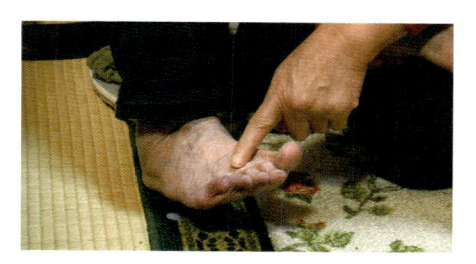

右足は指先を反らせることができます。

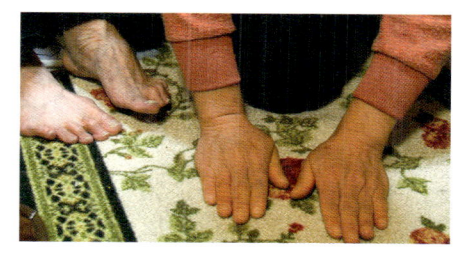

指が拘縮するとカカトも曲がらなくなり少しずつしか、足が前に出せなくなります。

うまく歩けなくなったのは、足裏の「魚の目」の痛みをかばったせい（本人）。以前に左ヒザを負傷していて、軽い神経マヒがあるため、病気などで体力が落ちると、余計歩きにくくなるのです（坂本先生の見立て）。

平町さんは、普段、伝い歩きで、なんとか室内を移動しています。

歩行介助の事例紹介

ラクに立たせて、疲れずに歩かせるには

①「ヒザ付けダンゴ虫法」で立たせると、相手は力がいらずにスッと立てます。

②ヒザ同士を付き合わせて、介助者が自分の腰を後ろに引きます。

③立たせたら、介助者は後ろ向きに進みます。

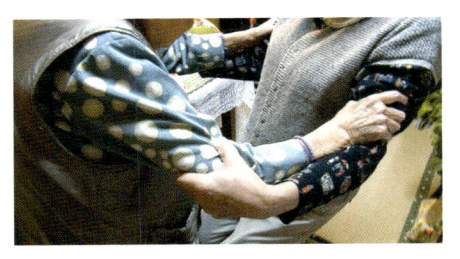

④相手のヒジを内側に軽くひねって、ヒジを下から支えてやります。

⑤左右の足に交互に重心を移して歩かせます。

⑥久しぶりに外を歩きました。

⑦シルバーカーにつかまって歩くより、安心して歩けます。

55

ラクラク介助を続けるために

一生モノの健康法　「操体法」のすすめ

◆介助する人は、いつも元気でありたい。肩こり、腰痛、体の冷えなしの健康体に。
◆気持ちのよい動きをさがしてそれを繰り返すと、体の歪み、痛みも消えて健康体に戻る。これが「操体法」の極意。「操体法」は仙台の医師・橋本敬三先生（故人）が体系化した誰でもできる健康法・治療法です。

寝た姿勢で3つの操体

寝る前にこの操体3つをやると、足先まで温まり、すんなり眠りに入れます。

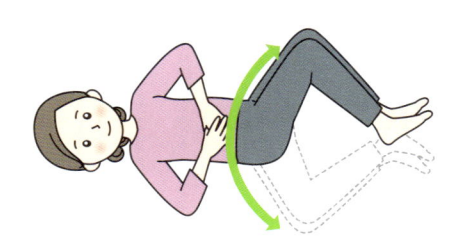

操体 1 両ヒザ倒し

あお向けに寝た姿勢で、両ヒザを立てて左右に倒してみます。痛い動きか気持ちよい動きか、左右で違っていたら、気持ちよい動きのほうを3～4回繰り返します。
左右で倒しにくいほうがあったら、そちらは無理せず、倒しやすいほうを繰り返します。

操体 2 カカト伸ばし

あお向けになり、左右の足を交互に、かかとに力を入れてやんわり伸ばします。足と一緒に骨盤も上下に動かすことを意識して。気持ちよく伸びるほうがあれば、そちらのほうの足だけを3～4回繰り返します。

操体 3 うつぶせヒザ上げ

うつぶせに寝て、片方ずつヒザを折り曲げ、同じ側のワキの下に向けて足を縮めてみます。やりやすさに差があれば、やりやすいほうだけをゆっくり3～4回繰り返します。便秘や腰痛がよくなり、ワキ腹のゼイ肉もしまってきます。

起きた姿勢で３つの操体

つまずいて骨折・要介護にならないために…
操体４は、立てたつま先がピリピリ痛みますが、3日も続けると猫背になっていた足指が伸びてラクにできるようになります。操体５・６は特にヒザ痛・腰痛の治療や予防におすすめです。

操体 4 つま立ち正座コマ運動

つま先とヒザだけを床につけ、両手でカカトを軽くにぎる。カカトの上の全身をゆっくり回す。
左右で回りやすさを確認。痛いほうを無理に回さず、気持ちよく回れるほう（快適運動）を２〜３回多く行なうと、歪みが取れます。

操体 5 中腰・左右ひねり

両ヒザの上部を手で押さえて中腰になる。背筋を伸ばし、上半身全体を左右交互にひねってみる。きつい方とラクなほうがあれば、ラクなほうだけ、続けてゆっくりと４〜５回ひねる。左右が同じになれば改善された証拠です。

操体 6 中腰・ヒザこすり

足を腰幅に開き、両ヒザに手を当てて、ヒザの内側を交互にこする。足裏が床から離れないように、腰を左右にゆっくり振る。この操体は、急なヒザ痛・腰痛にもよく効きます

ラクラク介助を続けるために

詳しく知りたい方へ

根底にあるのは、ボディメカニクス

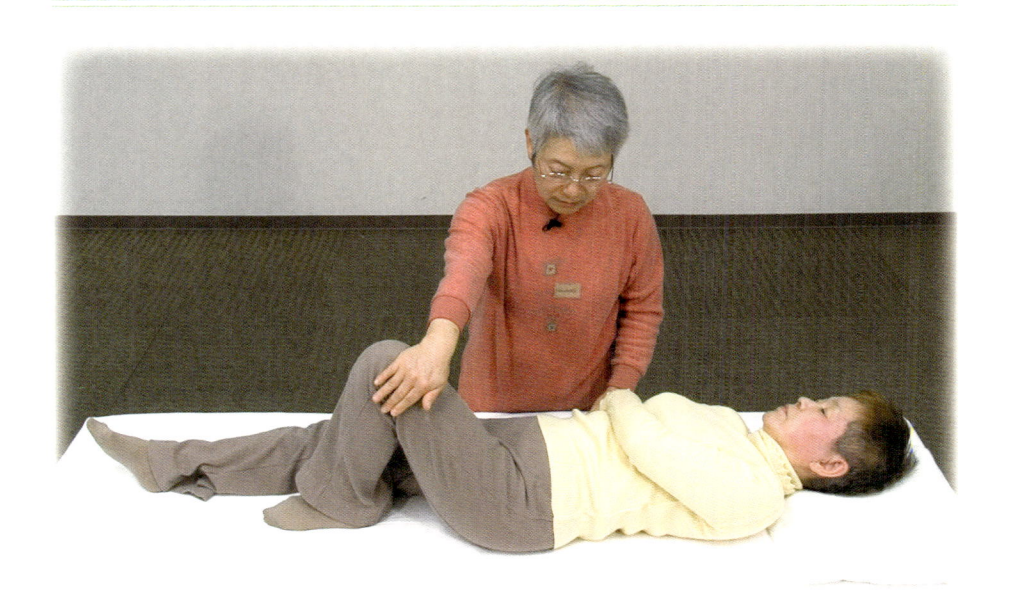

片手でヒザを引いて横向きに

この介助技術は、理学療法のボディメカニクスから導き出されたものです。介護保険が施行される以前の在宅介護者たちの切実な叫びに応えて、理学療法士の川田光博先生が指導された介助方法を基に、実際の介護に応用しながら工夫を重ねて蓄積してきたものです。

◆お互いに自然でラクに感じる理由

　ほとんどの人は、この介助方法を初めて見たとき、「エッ!?　変なやり方！」と思います。

　ところが、試しに自分が介助される側になって起こしてもらうと、自分が一人で起き上がったような不思議な気分になります。立ち上がるときも、自分で動いたつもりはなくても、一人で自然に立ったときの気分になります。介助されてみると、今までの介助方法とは何か、どこかが違うということを実感します。

　介助する側は、コツを覚えると、不思議なくらい力が要りません。

　力のある人より、力のない人の方が早くコツを身につけるのも、この介助法の不思議なところです。

　介助される人は、自然に体が動いて自分で動いたような爽やかな気分になり、介助する人は力が要らずラクにできます。お互いに自然でラクに感じる理由は、人体の動きのしくみを双方の動きにうまく活かしているからです。人体の動きの

しくみをボディメカニクスと呼びます。

◆**人体の連動のしくみを活かす**

　私たちが元気なときに無意識に行なっている「自然な動き方」を観察して、その自然な動き方を介助されると、介助してもらう側の人はとてもラクなのです。全介助であっても、自分で動くときと同じように筋肉の自然な連動を誘導して介助されると、介助される動作そのものがリハビリとなり、筋肉の拘縮が起こりにくい利点があります。

　介助される側の人が自分で動こうとする方向と、介助する人が動かそうとする方向が違うとお互いに無理な力が要ります。自分で動こうとする方向と、介助者が誘導して動かそうとする方向が一致すればお互いがラクに動ける理屈ですが、介助者自身の体の動きも、体を壊さないように、無理のない安定した動きであることが大事です。

　介助者の動きも、ボディメカニクスに基づいた「効率的な動き方」に気をつけます。介助者は特定の筋肉を酷使するのではなく、人体の連動のしくみを活かして全身でムリなくムダなく動きます。少しの力で大きな効果を発揮するこの体の使い方は合気道に通じるといわれます。

◆**力の要らない体の使いこなし**

　「自然な動き方」は、立ち座りや寝たり起きたりで、誰にも共通する日常の動作ですから、自分で動いてみればすぐにわかりますが、介助者の「効率的な動き方」は"自分の体を使いこなす術"ですから、練習が要ります。

　自転車を乗りこなすのに、自転車と自分が一体となったバランス感覚を体で覚えるまで少し練習が必要なように、自分の体を使いこなすにもやはり、多少の練習が必要です。

　『相手を自分の力で動かす』という意識ではなく、『相手の動きを誘導して、相手と一緒になって自分が動く』という感覚を体で感じて覚えることが一番です。

　「自然な動き方」と「効率的な動き方」がうまく合致すると不思議なほど力が要りません。ただし、これは体が普通に動く人が、普通に動く人を介助する場合の原則的な基本の動きですから、実際の介助において相手の体にマヒ・変形・拘縮などがある場合は、基本からの応用や工夫が必要になります。

◆**力任せの介護は相手も苦しい**

　介助者には腰痛・ヒザや肩の痛みなどの身体の不調を抱えている人が多いのですが、この基本の介助法は、多少の不調がある人でも苦痛を感じないでできるのがうれしいところです。世間一般には「介護は力が要るものだ」という先入観があり、少々の痛みは我慢して当たり前とばかりに力任せの介護をしています。しかし、そういう介助方法を自分がしてもらうと、いかに苦しいものであるかがわ

詳しく知りたい方へ

かります。

　ボディメカニクスに基づいた体の使い方・体の動かし方が身につくと、介助動作が美しくなり、技術が格段にレベルアップします。介助する相手の体力や障害の程度に応じて応用・工夫もできるようになります。日常生活においても、身のこなしが美しくムリのない動作で、疲労が少なく効率的に仕事をすることができます。

◆病後の介助にも威力を発揮

　例えばお年寄りが夏バテとか風邪で数日間寝込んでしまったとか、何かの病気や手術後など一時的に体力が衰えて、体がふらついたり、充分な力が出ないとき、この介助方法は威力を発揮します。介助されているのに自分で動いたように感じるので、また元気になれる・元気になったと思わせる効果があります。体の自然な連動のしくみを活かして介助されていると、運動機能が比較的に維持されて、本来の体力が戻るとスムースに元のように動くことができ、回復が早いのです。

　高齢者は何かの理由で数日間寝込むと、それがきっかけになって本物の寝たきりに移行することが多いのですが、この介助法を身近にいる人が身につけておくと、本物の寝たきりになるのを予防する効果が大きいといえます。

◆在宅介護の実情に合う介助技術

　この介助方法は世間一般の介助方法とは異なるため、「変なやり方！　間違ったやり方！」と言われることがあります。しかし、広くて設備が整った介護施設で行なう方法が、各家庭の限られたスペースで、いつも最適な設備や介護用具があるとは限らない環境にそのまま適用できるとは限りません。元気な職員が交代で行なっている方法と、中高年の女性が一人で行なう方法が、同じでいいわけがありません。環境が変われば当然、介護のやり方も変わります。

　オムツを使うかトイレに連れていくか。車イスに乗せて移動するか介助して歩行するか。施設であれ在宅であれ、いずれにしても使える介助の技術がなければ話になりません。

起こす前に「両ヒザ倒し」

なぜ『介護操体』なのか

　この介助技術を、ある武道の先生は合気道の関節技であると言われました。操体法を学ぶ先輩は、以前から「操体法とどこか共通点があるような気がする」と言われ、ある人は「まさしく操体法だ」と言い、いつの間にか「介護操体」という名称がひとり歩きを始めました。

◆「操体法」の原理に通じる介助法

　「操体法」では、体を動かしてみて違和感のない方へ、気持ちよくラクに動けば体は元気になるというのが原理です。

　橋本敬三先生（＊操体法を体系化された医師）は、"痛み"の治療法を追究される過程で『正體術』に関心を持たれ、解剖学・生理学はもちろんのこと、人体の動きの仕組を追求されたようです。晩年の敬三先生は武術家の動きに関心を示され、その動きをよくご覧になっていたそうです。武術の体の使い方などは、過去の長年にわたる真摯な観察と鍛錬の積み重ねから経験的に編み出され受け継がれてきたものです。

　「操体法」を勉強するべく橋本敬三先生の著書を読んでいくと、ボディメカニクスと思える記述が所どころで目に留まります。お互いがラクに感じる介助法の動きは、まさしく敬三先生が唱えるところの、体を壊さない・体に歪みを作らない体の使い方であることがわかります。

　この本の介助法も操体法も武術もなんとなく共通点があると感じる理由は、根底にボディメカニクスがあるからでしょう。

◆巧妙な連動のしくみを活かす

　ところがこのボディメカニクス（体の動きのしくみ）というのがとても説明しにくいのです。介護技術として教えるときにも、動き方のコツをどのように伝えるかが非常に困難でした。コツは外見だけの見てくれの動き方ではなく、体の感覚で感じて動くもので、見ているだけではわからないその感覚を伝えるのが至難の技でした。器械体操の選手や熟練した療術師などはこのコツをつかむのが上手ですし、この介助技術は力のない人のほうが早く覚えます。

　動き方＝力の使い方＝体の中で伝わる力の感じ方、と解釈すると糸口が見えてきます。"見てくれの動き方"ではなくて"力の使い方"つまり"体の中で伝わる力を感じて動く"、さらに言い換えれば"重力も含めて体の中に伝わる力を体全体で感じて動く"ということです。

詳しく知りたい方へ

　物理学では物の重心の安定を説明するとき、"基底面の広さ"とか"重心の位置"、小さな力で大きな仕事をするには"テコの原理"などで説明しますが、人体には、物理学だけでは説明しきれない、安定した動きをするしくみや、小さな力で大きな働きをする動き方の、実に巧妙な連動のしくみがあります。これが本当のボディメカニクスです。

◆介助法が健康法につながる

　「奈良操体の会」公開講座でのこと。以前から参加している人の中に、長い間ヒザの痛みを抱えている人がいました。その症状を軽減するにはどうしたらよいか。まず両ヒザ倒しの動診をして動きやすい方向を確かめ、みんなで操法をいくつか試みましたが、症状は少し軽くなった程度で、スッキリというわけにはいきませんでした。私は、その人が起き上がるときに、動診で動きやすかった方向とは反対に向いてから起き上がるのが気になり、帰り際に「両ヒザ倒しをして、倒しやすい方に横に向いてから起き上がるようにしてみては…」と助言しました。2ヵ月後、その人から「ヒザ痛が治った」とお礼を言われました。そんなことがあり、それならば介助するときの動作を「操体法」の視点から見て、「操体法」の原理を応用できるのではないかと思いつきました。

　　　　　　　　　　　＊

　操体法の理論とボディメカニクスを組み合わせると、介助技術としてだけでなく、リハビリとして、介護予防の手段として、日常の健康法として、幅広く応用し活用できる可能性があります。

　操体法でいう"違和感のない動き"は、介助技術では"力が要らない動き"と言い換えることができます。

　力が要らないこの介助技術は操体法の理論にも適っていて、お互いに元気になる介助法であると、自信を持って言うことができます。

◆お互いが元気になる「介護操体」の効果

　いままでの経験から、次のことが言えます。

▶体に動きやすい方向と動きにくい方向があるとき、動きやすい方向（＝身体が連動しやすい方向）へ誘導して介助するとラクにできます。

▶起こすとき、相手に両ヒザ倒しをしてもらって、倒しやすい方向に誘導して起こすと、介助がラクです。起こされる人もラクに起きることができます。

▶あおむけに寝て、両ヒザ倒しで倒しやすい方にヒザを誘導して横に向ける。骨盤を誘導して元に戻す。これを数回繰り返すと、最初に倒しにくかった方も動きやすくなっています。

▶介助方法を練習するときも、自分の体が連動しやすい方向に誘導して介助してもらうと、練習が終わったときに、体がほぐれて全身の動きが軽くなっているのを感じます。

▶ベッドに寝ている人で、起きる方向がベッドの一定の側に制限される場合、左右どちらに向いて起きたらラクか、朝の起きる方向を考えて、寝るときの頭と足の向きを決めます（両ヒザ倒しをしてみて左右の差がない人はどの向きに寝てもかまいません）。

▶立たせる介助法のダンゴ虫の動き（ヒザ付けダンゴ虫法）は、腰痛の人にも負担が少ない動きです。ダンゴ虫の動きは、関節を曲げる働きをする「屈筋群」がすべて連動して緊張するので、関節を伸ばすときに働く「伸筋群」は弛緩してゆるみます。介助するときの動きが正しければ、腰に違和感がなくなります。

ダンゴ虫の動きで立たせる

▶立たせる介助に限らず、どの介助の動きでも相手の体重を「二人操体」の操者の抵抗と考えます。自分の体の中心に重心が一致するように、相手の体重の抵抗を利用して自分の動きと力加減を微調整して動きますと、自分の体の歪みが整います（これこそ、介護しながら自分の体を「操体」していることになります。この理屈がわかるには、操体法をきちんと理解している必要がありますが、ここでは操体法の説明は省きます）。

◆連動のイメージ「ダンゴ虫」「バンザイ」

　ボディメカニクスを正しく理解するには、骨格筋である屈筋・伸筋の緊張と弛緩のしくみ、体の屈曲・伸展・捻れと重心の関係を理解する必要があります。

　一般の人には、屈曲・伸展、屈筋の連動・伸筋の連動という言葉では動きがイメージしにくいので、誰にでも理解しやすい動き方のイメージとして「ダンゴ虫」「バンザイ」の言葉を使うようにしています。初心者にも手っ取り早く実感してもらうために私が考えたものです。

　その動きをイメージするだけで体が自然に連動して、理論はともかく、「なるほど力が要らず、ラクにできる」と感じてもらえるメリットがあります。体の感覚で覚えてしまえば、お互いが元気になる介助技術がこれからの超高齢化社会の宝物になるはずです。

なぜ『介護操体』なのか

本書は『別冊うかたま』2014年4月号「DVDでよくわかる 家庭でできるラクラク介助法」を単行本化したものです。

＜監修・実技指導＞

坂本 洋子（さかもと・ようこ）

日本介護操体協会代表。
昭和23年 福井県生まれ。奈良県上牧町在住。看護師。
平成3年訪問看護師養成講座を受講。以後在宅介護に関心を持ち、地元で在宅介護にかかわるボランティアや勉強会をはじめる。
平成6年、老人訪問看護にかかわっているときに奈良操体の会の北村翰男氏からアドバイスを得て、高齢者の在宅リハビリとして「操体法」にも関心を持つ。
趣味は編み物、自然の中を歩くこと。

協力　介護操体講座参加者の方々
　　　柳原功子　川上文子　平町あい子　河西歳子
編集　栗田庄一
撮影　（有）アサヒプロダクツ
　　　吉岡孝一　小倉かよ　田中康弘
ブックデザイン　高橋　晃
イラスト　岡村デザイン事務所
ブック製作　（株）農文協プロダクション
DVD製作　（株）リード・2001

DVDでよくわかる
家庭でできるラクラク介助法
介護操体のすすめ

2014年9月30日　第1刷発行

監修・実技指導　　坂本　洋子

発行所　一般社団法人 農山漁村文化協会
　　　　〒107-8668　東京都港区赤坂7丁目6-1
　　　　☎ 03-3585-1141（営業）
　　　　☎ 03-3585-1145（編集）
　　　　Fax.03-3585-3668
　　　　振替　00120-3-144478
　　　　URL　http://www.ruralnet.or.jp/

ISBN978-4-540-14222-2
〈検印廃止〉
© 坂本洋子 2014
　Printed in Japan
印刷・製本／凸版印刷㈱
定価はカバーに表示
乱丁・落丁本はお取りかえいたします。